2019

Hauptschulabschluss

Original-Prüfungsaufgaben und Training

Baden-Württemberg

Deutsch

STARK

Bildnachweis

S. 3: © javier brosch/Fotolia.com
S. 4: © pojoslaw/Fotolia.com (DB „Training Grundwissen" Mitte)
S. 5: © Petar Neychev/Dreamstime.com
S. 6: © Okea/Fotolia.com (oben); © Davide Guglielmo/www.sxc.hu (unten)
S. 8: © Joachim B. Albers/Fotolia.com (oben links); © Michael Flippo/Fotolia.com (unten links, DB „Original-Prüfungsaufgaben" oben); © picture-alliance/dpa (rechts)
S. 11: © klickerminth/Fotolia.com
S. 12: © Gemenacom/Dreamstime.com
S. 13: © www.sxc.hu
S. 15: © Cressie Wright/Dreamstime.com
S. 19: © rdnzl/Fotolia.com
S. 20: © Volodymyrkrasyuk/Dreamstime.com
S. 21: © picsxl/Fotolia.com
S. 22: © gradt/Fotolia.com (oben links); © chenier/Fotolia.com (unten links, DB „Training Grundwissen" oben); © fuxart/Fotolia.com (rechts)
S. 27: © kk_artworks/Fotolia.com
S. 28: © Poco_bw/Dreamstime.com
S. 29: © Pelikan Vertriebsgesellschaft mbH & Co. KG Hannover
S. 30: © fotodesign – jegg/Fotolia.com
S. 36: © Ivonne Wierink/Dreamstime.com
S. 37: © Nam Fook Voon/Dreamstime.com
S. 39: © Stihl024/Fotolia.com
S. 41: © BezirksschülerInnenvertretung Dortmund
S. 43: © contrastwerkstatt/Fotolia.com
S. 44: © Aktion Tagwerk e.V.; www.action-tagwerk.de
S. 46: © Dmitry Rukhlenko/Fotolia.com
S. 48: © Alexander Raths/Fotolia.com
S. 51: © Real Illusion/Fotolia.com
S. 53: © Photomak/Dreamstime.com
S. 56: © Photocase.com
S. 61: © Creative Images/Fotolia.com (links), Pachangas/Fotolia.com (rechts)
S. 64: © EtiAmmos/Fotolia.com
S. 65: © svetlana67/Fotolia.com
S. 66: © Azaliya/Fotolia.com
S. 67: © Uschi Hering/Fotolia.com
S. 69: © Smileus/Fotolia.com
S. 71: © lipowski/Fotolia.com
S. 72: © Jiri Hera/Fotolia.com
S. 74: © Andreas Meyer/Dreamstime.com
S. 76: © Stefan Füsers/www.lichtjaeger.de
S. 77: © monticelllo/Fotolia.com
S. 78: © Robert Kneschke/Fotolia.com
S. 79: © Romangorielov/Dreamstime.com
S. 81: © jagodka/Fotolia.com
S. 83: © gpointstudio/Fotolia.com (oben links, DB „Übungsaufgaben im Stil der Abschlussprüfung" Mitte), © adisa/Fotolia.com (oben rechts), © Barbara Helgason/Dreamstime.com (unten links), © contrastwerkstatt/Fotolia.com (unten rechts)
S. 86: © Softdreams/Dreamstime.com
S. 89: © CandyBox Images/Fotolia.com
S. 93: © elisabetta figus/Fotolia.com (oben links), © Kitty/Fotolia.com (oben rechts), © Tatyana Gladskikh/Dreamstime.com (unten links, DB „Übungsaufgaben im Stil der Abschlussprüfung" unten), © edbockstock/Fotolia.com (unten rechts)
S. 94: © BeTa-Artworks/Fotolia.com
S. 96: © auremar/Fotolia.com
S. 98: © Christian Schwier/Fotolia.com (DB „Übungsaufgaben im Stil der Abschlussprüfung" oben)
DB „Training Grundwissen" unten: © Klaus Eppele/Fotolia.com
DB „Original-Prüfungsaufgaben" unten: © Yuri Arcurs/Fotolia.com

© 2018 Stark Verlag GmbH
12. ergänzte Auflage
www.stark-verlag.de

Das Werk und alle seine Bestandteile sind urheberrechtlich geschützt. Jede vollständige oder teilweise Vervielfältigung, Verbreitung und Veröffentlichung bedarf der ausdrücklichen Genehmigung des Verlages. Dies gilt insbesondere für Vervielfältigungen, Mikroverfilmungen sowie die Speicherung und Verarbeitung in elektronischen Systemen.

Inhalt

Vorwort

Die Abschlussprüfung – 10 wichtige Fragen und Antworten 1

Training Grundwissen

Lesekompetenz 3

1	Den Leseprozess steuern	4
2	Leseaufgaben lösen	7
2.1	Geschlossene Aufgaben lösen	7
2.2	Halboffene Aufgaben lösen	16
3	**Sachtexte verstehen**	18
3.1	Die Absicht des Verfassers erkennen	18
3.2	Textsorten unterscheiden	19
3.3	Nichtlineare Texte: Tabellen und Diagramme	23

Schreibkompetenz 29

4	**Den Schreibprozess steuern**	30
5	**Schreibaufgaben lösen**	35
5.1	Den Inhalt eines Sachtextes zusammenfassen	35
5.2	Einen informierenden Text verfassen	38
5.3	Einen argumentierenden Text schreiben: Stellungnahme und Erörterung	43
6	**Einen Text überzeugend gestalten**	49
6.1	Geschickt formulieren	49
6.2	Sich auf Textstellen beziehen	50
7	**Richtig schreiben**	51
7.1	Groß- und Kleinschreibung	51
7.2	Getrennt- und Zusammenschreibung	54
7.3	Auslautverhärtung (b/p, d/t, g/k)	57
7.4	Gleichklingende Laute (e/ä, eu/äu)	58
7.5	Doppelkonsonanten	59
7.6	s-Laute (s/ss/ß)	61
7.7	i-Laute (i/ie)	62
7.8	Silbentrennendes h und Dehnungs-h	63
7.9	Grundregeln der Zeichensetzung: Kommas richtig setzen	65

Inhalt

Kompetenz Sprachwissen und Sprachbewusstsein ... 69

8 Grammatisches Grundwissen ... 69

8.1 Wortarten erkennen ... 69

8.2 Satzglieder bestimmen ... 72

8.3 Satzreihe und Satzgefüge unterscheiden ... 75

8.4 Die Wörter *das* und *dass* auseinanderhalten ... 80

Übungsaufgaben im Stil der Abschlussprüfung

Übungsaufgabe 1
Thema: *Einkaufen im Supermarkt* ... 83

Übungsaufgabe 2
Thema: *Rituale* ... 93

Original-Prüfungsaufgaben

Abschlussprüfung 2012
Thema: *Gemeinsam ist mehr möglich – Das Ehrenamt* ... 2012-1

Abschlussprüfung 2013
Thema: *Außergewöhnliche Menschen und ihre Leistungen* ... 2013-1

Abschlussprüfung 2014
Thema: *Urlaub – die schönste Zeit des Jahres* ... 2014-1

Abschlussprüfung 2015
Thema: *Kinder und Jugendliche mobil im Netz* ... 2015-1

Abschlussprüfung 2016
Thema: *Stars als Vorbilder?!* ... 2016-1

Abschlussprüfung 2017
Thema: *Handwerk im Wandel* ... 2017-1

Abschlussprüfung 2018
Thema: *Aktiv in der Freizeit* ... 2018-1

Autorin: Marion von der Kammer (Training Grundwissen, Übungsaufgaben im Stil der Abschlussprüfung)

Vorwort

Liebe Schülerin, lieber Schüler,

mit diesem Buch kannst du dich eigenständig und gründlich auf die **Hauptschulabschlussprüfung** im Fach Deutsch vorbereiten. Wenn du **frühzeitig** mit deinem Training beginnst und die einzelnen Kapitel gewissenhaft durcharbeitest, bist du für alle Anforderungen der Prüfung gut gerüstet.

- Anhand der folgenden **zehn Fragen und Antworten** kannst du dir zuerst einmal einen Überblick über den Ablauf und die Besonderheiten der Abschlussprüfung verschaffen. Sollten nach Erscheinen dieses Buches noch wichtige **Änderungen** zur **Abschlussprüfung 2019** bekannt gegeben werden, findest du aktuelle Informationen dazu im Internet unter: www.stark-verlag.de/pruefung-aktuell

- Im **Training Grundwissen** werden alle wichtigen **Kompetenzbereiche** ausführlich wiederholt und anhand zahlreicher **Übungen** gefestigt. Einprägsame **Tipps**, zahlreiche **Hinweise** sowie Übersichten, in denen alles **auf einen Blick** zusammengefasst wird, helfen dir, deine Fähigkeiten gezielt auf Prüfungsniveau zu trainieren. Du erfährst, wie die einzelnen Aufgaben aussehen können und wie du sie **Schritt für Schritt** bearbeitest.

- Mit den anschließenden **Übungsaufgaben im Stil der Abschlussprüfung** bereitest du dich gründlich auf alle **prüfungsrelevanten Aufgabentypen** vor. Am besten führst du zu Hause schon einmal eine „eigene" Prüfung durch. So lernst du, dir die Prüfungszeit sinnvoll einzuteilen.

- Die **Original-Prüfungsaufgaben** 2012 bis 2018 dienen dir ebenfalls zur gezielten Prüfungsvorbereitung und zeigen dir noch einmal genau, was dich in der Abschlussprüfung erwartet.

- Zu diesem Buch ist ein separater **Lösungsband** (Best.-Nr. 83545) erhältlich. Dort findest du zu allen Trainings-, Übungs- und Prüfungsaufgaben **ausführliche Lösungsvorschläge** mit hilfreichen Hinweisen und Tipps zur selbstständigen Bearbeitung.

Viel Spaß beim Üben und vor allem viel Erfolg in der Prüfung!

Die Abschlussprüfung – 10 wichtige Fragen und Antworten

1 Zunächst einmal wird geprüft, ob du Texte gut verstehst. Du erhältst in der Prüfung mehrere kurze **Sachtexte** zum gleichen Thema, in der Regel mit zusätzlichen Tabellen oder Diagrammen. Zu diesen Texten werden dir verschiedene Aufgaben gestellt, die du bearbeiten sollst. Anhand deiner Lösungen wird geprüft, ob du in der Lage bist, die Texte zu verstehen, und ob du dein Textverständnis auch schriftlich zum Ausdruck bringen kannst.

Was wird eigentlich geprüft?

2 Es gibt drei Arten von Aufgaben: geschlossene Aufgaben, halboffene Aufgaben und offene Aufgaben.

Welche Aufgaben gibt es?

▶ Die ersten Aufgaben in der Prüfung sind **geschlossene** und **halboffene Aufgaben**. Die geschlossenen Aufgaben sind so gestellt, dass es für die Antworten praktisch keinen Spielraum gibt, weil nur jeweils eine Lösung möglich ist. In der Regel erhältst du hier eine Reihe von Mehrfachwahlaufgaben (Multiple-Choice-Aufgaben). Sie verlangen von dir, dass du aus einer Reihe von Aussagen diejenige auswählst, die genau zum Text passt. Bei den halboffenen Aufgaben ist es mit Ankreuzen nicht getan, sondern du musst bestimmte Fragen zum Text mit eigenen Worten beantworten. Beispielsweise ist es möglich, dass du den Sinn einer Textstelle erklären sollst. Oft wirst du auch aufgefordert, eine **Stoffsammlung** zu erstellen. Es gibt dafür unterschiedliche Möglichkeiten; die wichtigsten sind: eine **tabellarische Übersicht**, ein **Cluster** oder eine **Mindmap**. Für jede dieser Möglichkeiten findest du in diesem Buch Hinweise und Übungen.

▶ Als Letztes folgt die **offene Aufgabe**. Hier wird von dir verlangt, dass du einen kompletten Aufsatz schreibst. Informationen, die du in den vorherigen Aufgaben gesammelt hast, musst du hier mit einbringen.

3 Ja! Es ist sogar sehr wichtig, dass du alle Aufgaben genau in der **vorgegebenen Reihenfolge** bearbeitest. Die ersten Aufgaben bereiten dich nämlich auf den Aufsatz vor, den du zum Schluss schreiben sollst. Wenn du die Hinweise, die dir zu den einzelnen Aufgaben gegeben werden, genau liest, wirst du auch merken, dass du die Ergebnisse der ersten Aufgaben bei der Bearbeitung der letzten Aufgabe – also beim Verfassen des Aufsatzes – berücksichtigen sollst. Es wird also von dir erwartet, dass du die Lösungen zu den geschlossenen und halboffenen Aufgaben in deinen Text einbringst.

Ist die Reihenfolge der Aufgaben festgelegt?

4 Die Länge der Antworten **hängt von der Aufgabenart ab**: Bei geschlossenen Aufgaben musst du lediglich die richtigen Antworten ankreuzen. Halboffene Aufgaben beantwortest du mit Stichworten oder mit einigen Sätzen. (Achte genau auf die Formulierung in der Aufgabenstellung!) Wie lang der Aufsatz sein soll, den du zu schreiben hast, wird dir vorgegeben.

Wie viel solltest du zu den einzelnen Aufgaben schreiben?

Die Abschlussprüfung – 10 wichtige Fragen und Antworten

Wird auch die Rechtschreibung gewertet?

5 Die Rechtschreibung wird nur bei der letzten Aufgabe, dem Aufsatz, gewertet. Natürlich solltest du trotzdem versuchen, alle deine Texte möglichst fehlerfrei zu schreiben. Das betrifft nicht nur die richtige **Schreibung** der Wörter, sondern auch die **Zeichensetzung**. Vergiss also nicht, dort, wo es nötig ist, Kommas zu setzen. Auch die Sprachrichtigkeit spielt eine Rolle bei der Benotung, d. h., du musst dich unbedingt darum bemühen, Sätze zu schreiben, die **grammatisch** korrekt sind. Du solltest auch darauf achten, dass du immer den richtigen Fall verwendest, also dass du genau unterscheidest, ob es z. B. *dem Mann* oder *den Mann* heißt.

Welche Rolle spielt die äußere Form?

6 Wenn du unleserlich schreibst und ständig Wörter durchstreichst, macht das natürlich keinen guten Eindruck! Das heißt aber nicht, dass du etwas, das du im Nachhinein für falsch hältst, einfach so stehen lässt, nur damit es gut aussieht. Im Zweifel streichst du also besser einmal einen Satz durch und schreibst ihn neu. Aber verwende beim Durchstreichen ein **Lineal**! Und wenn du feststellst, dass du einen wichtigen Gedanken vergessen hast, kennzeichnest du diese Textstelle mit einer Nummer und schreibst die Ergänzung unter Angabe dieser Nummer auf ein **Extrablatt**. Wichtig ist, dass es deiner Lehrerin oder deinem Lehrer keine Mühe bereitet, die Ergänzung zu finden.

Welche Hilfsmittel sind erlaubt?

7 Du darfst ein **Wörterbuch** benutzen. Es hilft dir, wenn du nicht genau weißt, wie ein Wort geschrieben wird oder welche Bedeutung ein Wort hat.

Wie läuft die Prüfung ab?

8 Eigentlich läuft die Prüfung ab **wie eine ganz normale Klassenarbeit**. Der Unterschied zu einer normalen Klassenarbeit besteht nur darin, dass du mehr Aufgaben bearbeiten musst. Dafür hast du aber auch mehr Zeit zur Verfügung (135 Minuten). Während der Prüfung darfst du zwischendurch auch etwas essen oder trinken (aber natürlich nur Kleinigkeiten!). Zur Toilette dürft ihr nur einzeln gehen, und zwar außerhalb der Pausen. (Es wird von den Aufsicht führenden Lehrern genau aufgeschrieben, wer zu welcher Zeit den Raum verlassen hat.)

Wie gehst du am besten vor?

9 Sobald die Aufgabenblätter verteilt worden sind, verschaffst du dir erst einmal einen **Überblick** über das, was von dir erwartet wird. Am besten überfliegst du zunächst die Texte und die zugehörigen Aufgaben. Dann beginnst du mit der eigentlichen Arbeit: Lies die einzelnen Texte noch einmal genau und stelle dabei schon Überlegungen zu den einzelnen Aufgaben an. Markiere beim Lesen wichtige Textstellen und schreibe Kommentare an den Rand. Am besten legst du dir gleich ein Extrablatt bereit, damit du schon ein paar Stichworte notieren kannst. Danach bearbeitest du der Reihe nach die einzelnen Aufgaben.

Wie kannst du dich auf die Prüfung vorbereiten?

10 Beginne deine Vorbereitung möglichst **frühzeitig**. Mit dem vorliegenden Buch kannst du deine sprachlichen Fertigkeiten im Fach Deutsch gezielt trainieren und somit selbstständig und effektiv auf die **Abschlussprüfung** hinarbeiten. Wenn du dieses Buch durchgearbeitet hast, bist du bestimmt sehr gut vorbereitet! Allerdings genügt es nicht, die einzelnen Kapitel möglichst rasch zu überfliegen. Du solltest richtig **aktiv** mit diesem Buch arbeiten.

▶ **Training
Grundwissen**

Lesekompetenz

Texte sehen auf den ersten Blick aus wie eine einfache Ansammlung von Wörtern. Doch das täuscht: Bei jedem Text handelt es sich um ein kompliziertes Geflecht, dessen Botschaften gar nicht so leicht zu verstehen sind. Als guter Leser musst du Folgendes können:

- **Wörter erlesen:** Du musst imstande sein, Buchstabenfolgen (z. B.: L – a – m – a) zu dem entsprechenden Wort (hier: Lama) zusammenzufügen.
- **Bedeutungen kennen:** Du musst in der Lage sein, Zusammenhänge zwischen deinem Erfahrungswissen und den Wörtern im Text herzustellen. (Schließlich genügt es nicht, dass du die Buchstabenfolge L-a-m-a zum Wort „Lama" zusammenfügen kannst, – du musst auch wissen, was ein Lama ist!)
- **Zusammenhänge herstellen:** Die Wörter in einem Text beziehen sich aufeinander, und auch einzelne Sätze bilden Sinnzusammenhänge. Diese Zusammenhänge musst du als Leser herstellen.
- **Leerstellen füllen:** Selbst dem besten Verfasser ist es nicht möglich, einen Sachverhalt lückenlos darzustellen. (Vielleicht will er das auch gar nicht!) Also musst du als Leser das, was nur „zwischen den Zeilen steht", ergänzen. Das erfordert die **Fähigkeit des Schlussfolgerns:** Du musst aus den Textinformationen jeweils das ableiten können, was **nicht** ausdrücklich gesagt wird. Dazu musst du auch dein Erfahrungswissen heranziehen.

Dass du die einzelnen Wörter erlesen kannst, sollte selbstverständlich sein. Wichtig ist aber vor allem, dass du **Zusammenhänge** herstellen kannst, und zwar …

- **Zusammenhänge innerhalb des Textes**, also zwischen Wörtern und Sätzen, und
- **textübergreifende Zusammenhänge** zwischen Textinformationen und deinem Erfahrungswissen.

> Auch wenn es für das Textverständnis wichtig ist, dass du dein Erfahrungswissen hinzuziehst: Du darfst **keine Vermutungen** anstellen! Ausschlaggebend ist immer der Text. Bei jeder Aussage zu einem Text solltest du dich sicherheitshalber immer fragen: *Wo steht das?*

Tipp

1 Den Leseprozess steuern

Wenn du glaubst, es würde genügen, einen Text nur einmal zu lesen, um ihn wirklich zu verstehen, irrst du dich! Für ein genaues Textverständnis sind auf jeden Fall (mindestens) **zwei Lesedurchgänge** notwendig:

Schritt für Schritt

Texte richtig lesen

Arbeitsschritt **1** **Überfliegendes, rasches Lesen:**
Verschaffe dir einen ersten Eindruck vom Inhalt des Textes. Frage dich:
- Um was für eine Textsorte handelt es sich?
  (vgl. Textsortenüberblick S. 19)
- Welches Thema wird behandelt?
- Was für ein Inhalt wird dargestellt?

Arbeitsschritt **2** **Genaues Lesen und Markieren bedeutsamer Textstellen:**
Nimm Satz für Satz zur Kenntnis und achte dabei auch auf wichtige Einzelheiten. Markiere alle Textstellen, die dir bedeutsam erscheinen, und notiere am Rand Stichworte dazu. Wenn du anschließend die Aufgaben zum Text löst, findest du schnell die Textstellen, die dir Auskunft über die gesuchten Lösungen geben.

Hinweis: Achte beim Lesen auch darauf, ob du den Text in **Sinnabschnitte** einteilen kannst. Ein Sinnabschnitt besteht aus einer Gruppe von Textaussagen, die sich alle mit einem bestimmten (Unter-)Thema befassen. Oft – aber nicht immer – entspricht ein Sinnabschnitt einem Absatz im Text. Es gibt in einem Text keine festgelegte Anzahl von Sinnabschnitten. Deshalb hast du beim Untergliedern eines Textes in Sinnabschnitte gewisse Freiheiten.

Tipp

> Wenn du auch beim zweiten Lesen feststellst, dass du die eine oder andere **Textstelle** noch **nicht verstanden** hast, markierst du sie mit **?**. Sieh dir solche Textstellen und deren Umfeld noch einmal genau an, um deine Verständnisprobleme zu lösen. Meist gelingt es dir dann doch!

Lesekompetenz | 5

Übung 1

Lies den folgenden Text zweimal, wie in „Schritt für Schritt" beschrieben, und bearbeite dann die Aufgaben.

Fast jeder fünfte Jugendliche hat Probleme beim Lesen

1 Nahezu 20 Prozent der Neuntklässler in Deutschland haben Schwierigkeiten beim Lesen. Besonders betroffen seien Jungs und Migranten – das ist das Ergebnis einer von der Europäischen Kommission in Auftrag gegebenen Studie.

„Einer von fünf Schülern in Europa kann mit 15 Jahren nicht richtig lesen, dazu kommen viele Erwachsene", sagte EU-Bildungskommissarin Androulla Vassiliou in Brüssel. Zwar zeige die von der Europäischen Kommission in Auftrag gegebene neue Eurydice-Studie, dass viele Länder Fortschritte gemacht haben, darunter Deutschland. Häufig seien Lernprogramme aber nicht ausreichend auf Problemgruppen ausgerichtet, etwa auf Jungen oder auf Kinder von Migranten.

So gebe es in nur acht Ländern Fachkräfte für Leseförderung an den Schulen. In Großbritannien, Irland, Malta und den fünf nordischen Staaten[1] unterstützen diese Fachkräfte Lehrer, indem sie Nachhilfestunden für Kinder mit Leseschwächen anbieten. In Deutschland hänge es dagegen vor allem von der Eigeninitiative[2] der Lehrer ab, ob und wie lernbedürftige Schüler neben dem regulären[3] Deutschunterricht gefördert würden.

In Deutschland tun sich 18,5 Prozent der 15-Jährigen schwer beim Lesen. Im EU-Vergleich landen die Schüler in der Bundesrepublik damit zwar im guten Mittelfeld. Das EU-weite Ziel, den Anteil an Schülern, die nicht richtig lesen können, bis 2020 auf 15 Prozent zu senken, ist damit aber noch nicht erreicht. Polen, Finnland und Dänemark gehören zu den Ländern, die das bereits geschafft haben. Besonders schlecht schneiden dagegen Rumänien und Bulgarien ab, wo sich rund 40 Prozent der Schüler beim Lesen schwertun.

Quelle: Holger Heimann, 14.07.2011; im Internet unter : http://www.boersenblatt.net/449567/

1 nordische Staaten: Dänemark, Norwegen, Schweden, Finnland, Island

2 Eigeninitiative: Selbstverantwortlichkeit

3 regulär: normal

Lesekompetenz

Aufgaben

1. **Überfliegendes Lesen**
   Notiere Stichpunkte zu Textsorte, Thema und Inhalt.

   a) Textsorte: _____

   b) Thema: _____

   c) Überblick über den Inhalt: _____

2. **Genaues Lesen**
   a) Markiere wichtige Textstellen und notiere am Rand stichwortartig, was du daraus ersehen kannst.
   b) Unterteile den Text in Sinnabschnitte und finde für jeden Sinnabschnitt eine passende Zwischenüberschrift.

Sinnabschnitt	Zwischenüberschrift
Z. 1 – Z. 5	Ergebnisse einer Studie der Europäischen Kommission

2 Leseaufgaben lösen

Deine Lesekompetenz wird anhand von Texten überprüft, die dir unbekannt sind. Du sollst sie lesen und anschließend einige Aufgaben dazu bearbeiten. In der Regel sind das **geschlossene Aufgaben**. Es können aber auch **halboffene Aufgaben** vorkommen. Lies die Aufgaben ganz genau, damit du weißt, wonach gefragt wird.

Tipp

> Falls du bei einer Aufgabe unsicher bist, wie die richtige Lösung lautet, solltest du die Aufgabe trotzdem bearbeiten. Bedenke: **Nicht gelöste Aufgaben gelten als falsch.** Wenn du dich aber für eine Lösung entscheidest, besteht immerhin die Möglichkeit, dass sie richtig ist.

2.1 Geschlossene Aufgaben lösen

Geschlossene Aufgaben sind so gestellt, dass jeweils **nur ganz bestimmte Lösungen richtig** sind. Entweder musst du die zutreffende(n) Lösung(en) ankreuzen, oder du musst die richtige Lösung nennen. In der Regel genügen dann aber Stichworte.

Es gibt verschiedene Arten von geschlossenen Aufgaben. Wenn du weißt, was bei den einzelnen Aufgabenarten von dir erwartet wird, fällt es dir leichter, die richtigen Lösungen zu finden.

Auf einen Blick

Geschlossene Aufgaben	
Multiple-Choice-Aufgaben	Du bekommst in der Regel vier Aussagen zum Text. Nur eine davon darfst du ankreuzen. Man kann Multiple-Choice-Aufgaben daher auch als Mehrfachwahlaufgaben bezeichnen.
Richtig-/Falsch-Aufgaben	Du bekommst mehrere Aussagen zum Text. Davon treffen einige zu, andere nicht. Bei jeder Aussage musst du entscheiden, ob sie richtig oder falsch ist, und entsprechend ankreuzen.
Umordnungsaufgaben	Du bekommst mehrere Aussagen zum Text; diese sind aber falsch angeordnet. Du musst die richtige Reihenfolge bestimmen, indem du sie z. B. nummerierst.
Zuordnungsaufgaben	Du bekommst mehrere Aussagen zum Text. Daneben werden dir verschiedene Bezugsgrößen genannt, z. B. Personen, von denen im Text die Rede ist. Du musst nun jede Aussage der passenden Bezugsgröße zuordnen.
Geschlossene Fragen	Dir wird eine Frage zum Text gestellt, auf die es nur eine passende Antwort gibt; diese musst du aufschreiben. Meist handelt es sich dabei um ein Stichwort, das du notieren sollst. Auch eine Zahl kann gefragt sein. Manchmal sind solche Aufgaben auch als Aufforderung formuliert. Dann musst du z. B. etwas nennen.

Multiple-Choice-Aufgaben

Beispiel

Warum solltest du mutig sein, wenn eine Aufgabe am Schluss noch ungelöst geblieben ist? Kreuze die passende Aussage an.

a) ☐ Ich darf keine Aufgabe ungelöst lassen.

b) ☐ Es ist egal, ob die Lösung stimmt oder nicht.

c) ☒ Vielleicht kreuze ich zufällig die richtige Aussage an.

d) ☐ Ungelöste Aufgaben machen einen schlechten Eindruck.

Es kann auch vorkommen, dass mit einer Multiple-Choice-Aufgabe gezielt nach einer **Falschaussage** gefragt wird.

Beispiel

Was ist das Besondere an Multiple-Choice-Aufgaben?
Kreuze die Aussage an, die **nicht** zutrifft.

a) ☐ Nur eine einzige Antwort kommt für die Lösung infrage.

b) ☐ Ich muss die richtige Lösung ankreuzen.

c) ☒ Es gibt für die Lösung mehrere Möglichkeiten.

d) ☐ Es werden mehrere Auswahlantworten vorgegeben.

Tipp

> Gehe nach dem **Ausschlussverfahren** vor, wenn du beim Lösen einer Multiple-Choice-Aufgabe unsicher bist: Überlege, welche Antworten auf keinen Fall infrage kommen, und sondere sie aus. Von den verbliebenen Auswahlantworten wählst du die aus, die dir am wahrscheinlichsten erscheint.

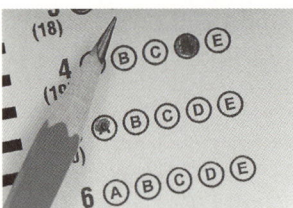

Geschlossene Fragen

Beispiel

Welche Bezeichnung könnte man anstelle des Begriffs *Multiple-Choice-Aufgaben* auch verwenden?

Mehrfachwahlaufgaben

Umordnungsaufgaben

In welcher Reihenfolge werden die folgenden Fragen in diesem Kapitel beantwortet? Nummeriere sie entsprechend.

Nummer	Frage
2	Welche Arten von Aufgaben gibt es, um die Lesekompetenz zu testen?
4	Wie solltest du beim Lösen von geschlossenen Aufgaben vorgehen?
3	Wie können geschlossene Aufgaben aussehen?
1	Wie wird deine Lesekompetenz geprüft?

Richtig-/Falsch-Aufgaben

Wie solltest du beim Lösen von geschlossenen Aufgaben vorgehen? Kreuze an.

Ich sollte ...

		richtig	falsch
a)	jede Aufgabe ganz genau lesen.	X	☐
b)	im Text nach der passenden Information suchen.	X	☐
c)	mich vor allem an meinem Erfahrungswissen orientieren.	☐	X
d)	nur Aussagen ankreuzen, die wortwörtlich im Text stehen.	☐	X
e)	mich möglichst an die gegebene Reihenfolge halten.	X	☐

> Sorge dafür, dass deine **Lösungen eindeutig** sind. Falls du versehentlich eine falsche Aussage angekreuzt hast, streichst du das Kreuz durch. Die richtige Lösung kannst du zusätzlich mit einem entsprechenden Vermerk versehen, z. B.: *richtige Lösung* → X .

Zuordnungsaufgaben

Auf welche Aufgabenart beziehen sich die folgenden Aussagen?
Trage den passenden Buchstaben in die Tabelle ein.

A. Multiple-Choice-Aufgaben
B. Richtig-/Falsch-Aufgaben
C. Geschlossene Fragen
D. Umordnungsaufgaben
E. Zuordnungsaufgaben

Buchstabe	Ich muss ...
B	bei jeder Aussage prüfen, ob sie zum Text passt oder nicht.
C	eine Frage kurz und knapp beantworten.
D	ungeordnet vorliegende Aussagen zum Text ordnen.
A	von mehreren Auswahlantworten die passende ankreuzen.
E	verschiedene Aussagen aus dem Text den passenden Bezugsgrößen zuordnen.

Lesekompetenz

Schritt für Schritt

Geschlossene Aufgaben lösen

Arbeitsschritt **1** Lies den Text mindestens zweimal und mache dir **Markierungen** und **Notizen**.

Arbeitsschritt **2** Wirf nach dem ersten Lesedurchgang schon einen **Blick auf die Aufgaben**, damit du weißt, was von dir verlangt wird und welche Textstellen wichtig sein könnten.

Arbeitsschritt **3** Beginne nach dem zweiten Lesedurchgang mit der Bearbeitung der Aufgaben. Achte darauf, um welche **Aufgabenart** es sich jeweils handelt.

Tipp

Bearbeite die Aufgaben der Reihe nach, da die **Reihenfolge** von einfachen in schwierigere Aufgaben übergeht. Falls du bei einer Aufgabe unsicher bist, solltest du dich nicht zu lange damit aufhalten. Es könnte sonst sein, dass du dadurch zu viel Zeit verlierst. Löse dann erst einmal die anderen Aufgaben. Mit der „**Problemaufgabe**" kannst du dich am Schluss immer noch beschäftigen.

Übung 2

Die folgenden Aufgaben beziehen sich auf den Text „Fast jeder fünfte Jugendliche hat Probleme beim Lesen" (vgl. S. 5).
Bestimme jeweils die Aufgabenart und gib außerdem die richtige Lösung an.

1. Nenne den Namen der Studie, aus der die Ergebnisse stammen.

   _____

   Aufgabenart: _____

2. Wie groß ist der Anteil der deutschen Jugendlichen, die Schwierigkeiten mit dem Lesen haben? Kreuze die richtige Aussage an.

   Der Anteil beträgt ...

   a) ☐ etwas über 10 Prozent.
   b) ☐ fast 30 Prozent.
   c) ☐ über 20 Prozent.
   d) ☐ knapp 20 Prozent.

   Aufgabenart: _____

3. Nummeriere die Aussagen in der Reihenfolge, wie sie im Text erscheinen.

Nummer	Aussage
	Schlusslicht bilden Rumänien und Bulgarien.
	Die Lesefähigkeit der Schüler hat sich in einigen Ländern gebessert.
	Einige Länder setzen Fachkräfte ein, um Schülern mit Leseschwierigkeiten zu helfen.
	Laut einer Studie beträgt der Anteil der Jugendlichen mit Leseschwierigkeiten 20 Prozent.
	Die deutschen Schüler liegen mit ihren Leistungen im guten Mittelfeld.

   Aufgabenart: _____

Lesekompetenz 11

4. Auf welche Länder beziehen sich die folgenden Aussagen? Ordne sie passend zu.

   Hinweis: Bei zwei Aussagen musst du zwei Buchstaben eintragen.

   A. Deutschland
   B. Polen
   C. Großbritannien
   D. Rumänien
   E. Dänemark

Land	Aussage
	40 Prozent der Schüler haben Schwierigkeiten mit dem Lesen.
	Der Anteil der Schüler, die Schwierigkeiten mit dem Lesen haben, ist auf 15 Prozent gesunken.
	Bezogen auf die Lesefähigkeit der Schüler liegt dieses Land im guten Mittelfeld.
	Fachkräfte erteilen Nachhilfeunterricht für Schüler mit Leseschwäche.
	Es hängt von der Eigeninitiative der Lehrer ab, ob Schüler mit Leseschwäche gezielt gefördert werden.

   Aufgabenart: _____

5. Welche der folgenden Aussagen sind richtig und welche falsch? Kreuze entsprechend an.

		richtig	falsch
a)	In Deutschland gibt es in den Schulen Fachkräfte, die Schülern mit Leseschwäche Nachhilfe geben.	☐	☐
b)	Unter den Schülern mit Leseschwäche sind besonders viele Jungen.	☐	☐
c)	Schüler mit Leseschwäche werden in Deutschland nicht immer richtig gefördert.	☐	☐
d)	Es gibt auch Erwachsene, die Schwierigkeiten mit dem Lesen haben.	☐	☐
e)	Es gibt genügend Lernprogramme, die genau auf bestimmte Problemgruppen ausgerichtet sind.	☐	☐

   Aufgabenart: _____

Übung 3 Lies den folgenden Text und bearbeite anschließend die zugehörigen Aufgaben.

Ein Leben ohne Buchstaben

Nicht schon wieder ich, denkt sie. Warum nimmt sie nicht jemand anderen dran? Jennifer Rischers Magen verkrampft sich. Ihre Hände werden klatschnass, der Puls rast. Sie soll einen einfachen Text vorlesen. Jennifer beginnt zu lesen. Schon beim ersten Wort kommt sie ins Stocken. Nervös rutscht sie auf ihrem Stuhl herum. Noch ein Anlauf – vergeblich. Die Buchstaben vor ihren Augen wollen einfach kein Wort ergeben. Einige Mitschüler beginnen zu kichern. „Guck mal, die kann nicht lesen", sagt einer zu seinem Kumpel. Solche Sprüche hat Jennifer schon oft gehört. Dennoch sind sie so schmerzhaft wie am ersten Tag.

Jennifer ist Analphabetin. Die heute 20-Jährige ist einer von 7,5 Millionen Menschen in Deutschland, die nicht richtig lesen und schreiben können. Im Gegensatz zu primären[1] und sekundären[2] Analphabeten, die nicht die geringsten Lese- und Schreibkenntnisse besitzen, kann sie als funktionale[3] Analphabetin wenigstens kurze Wörter und Sätze lesen. Aber Formulare ausfüllen, einen Vertrag unterschreiben – undenkbar.

Jennifer will sich nicht mehr verstecken. Das tat sie jahrelang. Mit ihrer Schwäche geht sie heute etwas offener um. „Früher bin ich selten ausgegangen aus Angst, dass ich wieder ausgelacht werde." Auch heute fühlt sie sich noch manchmal als Außenseiterin. Sie, die Analphabetin, die anderen, die selbstverständlich schreiben und lesen können. Warum sie es nie lernte, weiß sie selber nicht. „Ich frage mich heute noch, warum ich die Einzige in meiner Familie bin, die es nicht kann", sagt sie. Ihre beiden Geschwister hätten nie Probleme gehabt. Für sie dagegen war der tägliche Gang in die Schule eine Qual.

Nach der zweiten Klasse wurde sie von der Grundschule genommen und auf eine Förderschule geschickt. Die Angst, vor der versammelten Klasse bloßgestellt zu werden, wenn sie wieder einmal einen Text nicht lesen konnte, blieb. Sie biss sich durch, machte ihren Hauptschulabschluss und begann eine Ausbildung zur Einzelhandelskauffrau in einer Tierhandlung. Richtig lesen und schreiben konnte sie da immer noch nicht. Der Arbeitsalltag war deshalb eine Tortur[4]. Immer wieder wurde sie von Kollegen angeraunzt, sie arbeite zu langsam, wenn sie mit einer Palette Katzenfutter ratlos vor den Regalreihen stand und sich fragte, wo sie hingehörte. Nach der Ausbildung wechselte sie den Job.

„Es gibt viele Gründe für Analphabetismus", sagt Andreas Brinkmann, Projektleiter beim Bundesverband Alphabetisierung und Grundbildung. Nur selten liege tatsächlich eine Behinderung vor. „Häufig wurde im Elternhaus zu wenig gelesen, oder die Kinder wurden in der Schule nicht genügend unterstützt", so Brinkmann. Im Laufe der Jahre verfestige sich dann die Schwäche. Der Verband plädiert[5] daher für einen flächendeckenden Ausbau des Lernangebots und individuelle Förderung in den Schulen durch Sozialpädagogen. Ohne diese Hilfe würden Analphabeten sich weiter mit Tricks durch den Alltag lavieren[6]. Laut Brinkmann entwickelten Analphabeten regelrechte Vermeidungsstrategien, um ihre Schwäche zu verbergen. Eine Schlinge um den Arm, um nicht schreiben zu müssen. Schlechtes Licht, die Brille vergessen als Ausrede, um nicht lesen zu müssen – eine Liste, die sich beliebig fortführen ließe. Jennifer kennt viele solcher Tricks.

---

1 *primärer Analphabetismus: Er liegt vor, wenn jemand keinerlei Lese- und Schreibkenntnisse besitzt und solche auch nie erworben hat.*

2 *sekundärer Analphabetismus: Er liegt vor, wenn die ehemals erworbenen Lese- und Schreibfertigkeiten wieder vergessen worden sind, wegen mangelnder Praxis im Lesen und Schreiben.*

3 *funktionaler Analphabetismus: Er liegt vor, wenn die Lese- und Schreibfertigkeiten unter den allgemeinen Anforderungen der Gesellschaft liegen.*

4 *Tortur: Qual*

5 *plädieren: etwas befürworten; für etwas sein*

6 *sich durch etwas lavieren: sich durchmogeln*

Lange Zeit versuchte sie, ihre Probleme zu kaschieren[7], erfand Ausreden, verstellte sich. Als sie noch in der Tierhandlung arbeitete, lernte sie die Listen der Futterinhaltsstoffe auswendig. Sie sammelte kleine Infoheftchen oder Notizen und ließ sie sich von ihrer Familie oder der besten Freundin vorlesen. So lange, bis sich auch die letzte Getreidesorte des Vogelfutters ins Gedächtnis eingebrannt hatte. Wenn Kunden dann nach bestimmten Inhaltsstoffen fragten, spulte sie die Antwort wie vom Band ab. Stotternd von der Packung abzulesen – das ging gar nicht.

Auch im Alltag versucht sie, so normal wie möglich zu wirken. Wenn sie mit Freunden essen geht, bestellt sie immer Pizza Margherita. Muss sie mit dem Zug fahren, zählt sie die Stationen und wartet auf die Stationsansage. Im Supermarkt kauft sie jede Woche die gleichen Produkte ein. Abwechslung kann sie sich nicht leisten. Sie lebt in ständiger Wiederholung.

In ihrem neuen Job gibt ihr dieses Prinzip Sicherheit. Seit einem halben Jahr arbeitet sie als Zeitarbeiterin in einer Fabrik am Fließband. Die Wiederholung stärkt ihr Selbstbewusstsein.

In der Gesellschaft ist Analphabetismus noch immer ein Tabuthema. Gerade einmal 20 000 der Analphabeten lassen sich helfen und besuchen spezielle Alphabetisierungskurse. Besonders ältere Menschen haben große Probleme, ihre Schwäche öffentlich einzugestehen.

Zuzugeben, dass man als Erwachsener auf dem Niveau eines Zweitklässlers liest, kostet Überwindung. Andreas Brinkmann vom Alphabetisierungsverband sagt: „Analphabetismus ist eines der Tabuthemen, das am schwersten zu brechen ist." Der Verband hat daher eine kostenlose Beratungs-Hotline geschaltet. Betroffene können sich hier anonym informieren und sich in spezielle Alphabetisierungskurse vermitteln lassen.

Jennifer hat von solchen Kursen noch nie etwas gehört. Sie glaubt auch nicht mehr wirklich an ihren Traum, einmal richtig lesen und schreiben zu können. „Ich bemühe mich ja, aber irgendwie will er sich nicht erfüllen." Dass es Hilfe gibt, macht ihr Mut. Sie wolle sich irgendwann informieren, sagt sie. Um endlich selbstständig zu sein und der Wiederholung in ihrem Leben zu entfliehen.

7 kaschieren: hier: verstecken

Quelle: Dominik Ehrentraut: Ein Leben ohne Buchstaben, 08.09.2011. Im Internet unter: http://www.welt.de/print/die_welt/vermischtes/article13591949/Ein-Leben-ohne-Buchstaben.html, aus didaktischen Gründen stellenweise gekürzt und leicht geändert.

Aufgaben

1. Bestimme die Textsorte. Kreuze die passende Aussage an.

    Bei dem Text handelt es sich um …

    a) ☐ eine Erzählung.

    b) ☐ einen Bericht.

    c) ☐ einen Kommentar.

    d) ☐ eine Reportage.

2. Bestimme das Thema des Textes. Stichworte genügen.

3. Bringe die einzelnen Stationen aus dem Leben Jennifers in die richtige Reihenfolge. Nummeriere sie.

Nummer	Station in Jennifers Leben
	Ausbildung zur Einzelhandelskauffrau
	Besuch der Förderschule
	Arbeit als Zeitarbeiterin am Fließband
	Abschluss der Schulbildung mit dem Hauptschulabschluss
	Fassen eines Vorsatzes: Informationen einholen
	Abschluss der Berufsausbildung
	Besuch der Grundschule

4. In Zeile 9 heißt es: „Noch ein Anlauf". Was ist mit diesem Anlauf gemeint? Kreuze die passende Aussage an.
   a) ☐ Jennifer ist aus dem Klassenraum gerannt.
   b) ☐ Sie hat noch einmal versucht vorzulesen.
   c) ☐ Sie ist auf dem Stuhl hin- und hergerutscht.
   d) ☐ Die Mitschüler haben sich wieder über sie lustig gemacht.

5. Auf welche Weise hat Jennifer ihre Ausbildung zur Einzelhandelskauffrau gemeistert? Kreuze die passende Aussage an.

   Sie hat ...
   a) ☐ Unterstützung von Kollegen bekommen.
   b) ☐ mithilfe ihrer besten Freundin lesen gelernt.
   c) ☐ die nötigen Kenntnisse auswendig gelernt.
   d) ☐ nebenbei an einem Förderkurs teilgenommen.

6. Welchen „Traum" (Z. 136) hat Jennifer? Stichworte genügen.

   _____

7. Was bedeuten die Worte „Sie biss sich durch" (Z. 49/50)? Kreuze die passende Aussage an.

   Jennifer ...
   a) ☐ hat sich die ganze Zeit bemüht und angestrengt.
   b) ☐ hat während ihrer Ausbildungszeit viel gegessen.
   c) ☐ war ihren Kollegen gegenüber aggressiv.
   d) ☐ hat sich immer die einfachsten Aufgaben ausgesucht.

8. Welche der folgenden Aussagen sind richtig, welche sind falsch?
   Kreuze entsprechend an.

		richtig	falsch
a)	Es gibt in Deutschland über 5 Millionen Analphabeten.	☐	☐
b)	Nur 20 000 Analphabeten lassen sich helfen.	☐	☐
c)	Analphabeten bekennen sich zu ihrer Schwäche.	☐	☐
d)	Analphabeten können besonders gut auswendig lernen.	☐	☐
e)	Analphabetismus kann verschiedene Ursachen haben.	☐	☐
f)	Eine Beratungs-Hotline bietet Analphabeten Hilfe an.	☐	☐
g)	Analphabeten werden nie richtig lesen können.	☐	☐

9. Warum greifen Analphabeten manchmal zu „Vermeidungsstrategien" (Z. 79)?
   Kreuze die passende Aussage an.

   Analphabeten wollen es vermeiden, ...

   a) ☐ lesen zu lernen.
   b) ☐ ihre Leseschwäche einzugestehen.
   c) ☐ eine Arbeit anzunehmen.
   d) ☐ ihre Wohnung zu verlassen.

10. Nenne drei Beispiele für Vermeidungsstrategien, die Analphabeten manchmal anwenden. Stichworte genügen.

    _____

    _____

    _____

11. Man unterscheidet drei Arten von Analphabetismus. Wann liegt welche Art vor? Ordne passend zu.

    A. primärer Analphabetismus
    B. sekundärer Analphabetismus
    C. funktionaler Analphabetismus

Art	Merkmal
	Die Lese- und Schreibkenntnisse einer Person liegen unter dem Durchschnitt der Gesellschaft.
	Jemand hat in seinem ganzen Leben nie lesen und schreiben gelernt.
	Aufgrund mangelnder Übung hat jemand das Lesen wieder verlernt.

12. Wie viele Analphabeten gibt es in Deutschland? Nenne die Zahl.

    _____

2.2 Halboffene Aufgaben lösen

Im Prinzip sind halboffene Aufgaben nichts anderes als Fragen zum Text, die du **mit eigenen Worten** beantworten sollst. Es werden dir also **keine Lösungsvorschläge** vorgegeben, die du überprüfen und beurteilen musst, sondern du sollst die richtigen Lösungen selbstständig finden und treffend formulieren.

Auf einen Blick

Halboffene Aufgaben	
Äußerungen ergänzen	Es werden dir Satzanfänge vorgegeben, die du mit eigenen Worten sinnvoll ergänzen musst.
W-Fragen	Es werden direkte Fragen gestellt. Oft handelt es sich um Warum- oder Wie-Fragen. Du bearbeitest sie, indem du jeweils vollständige Antwortsätze schreibst.
Textstellen erläutern	Dir wird eine Textstelle genannt und du musst sagen, was damit gemeint ist.
Aussagen zum Text erklären	Du sollst eine Aussage zum Text erklären. Dabei musst du dich auf eine oder mehrere Textstellen beziehen.

Hinweis: Wichtig ist, dass du deine Lösung mit eigenen Worten zum Ausdruck bringst. In der Regel genügt dafür ein einziger Antwortsatz. Manchmal bietet es sich auch an, zwei oder drei Sätze zu schreiben – mehr aber nicht.

Schritt für Schritt

Halboffene Aufgaben lösen

Arbeitsschritt **1** Lies jede Aufgabe sehr **genau** durch. Es ist wichtig, dass du verstehst, wonach gefragt wird bzw. was du erklären sollst.

Arbeitsschritt **2** Überlege, welche **Textstelle(n)** dir die entscheidenden Auskünfte geben. Bedenke aber, dass du die richtigen Antworten nicht unbedingt wortwörtlich im Text findest.

Arbeitsschritt **3** Schreibe deine Antwort in **eigenen Worten** auf (ein bis drei Sätze).

Arbeitsschritt **4** **Überprüfe** deine Antwortsätze. Kontrolliere Formulierungen, Rechtschreibung und Zeichensetzung.

Tipp

> Vermeide es, deinen **Lösungssatz** mit einer unterordnenden Konjunktion (z. B. „wenn" oder „weil") zu beginnen. Das könnte sonst dazu führen, dass du als Antwort **nur einen Nebensatz** schreibst, der als Lösung **unzureichend** ist. (z. B. *Warum ist Tim der beste Spieler der Mannschaft? Weil er die meisten Tore geschossen hat.* – Hier steht ein Nebensatz ohne Hauptsatz.)

Beispiele

Die folgenden Beispiele beziehen sich auf den Text „Ein Leben ohne Buchstaben" (S. 12/13).

1. Warum fühlt sich Jennifer manchmal als Außenseiterin?

   Jennifer fühlt sich manchmal als Außenseiterin, weil sie merkt, dass sie anders ist als die anderen Menschen, die lesen und schreiben können.

2. „Sie lebt in ständiger Wiederholung." (Z. 109/110) – Wie ist das zu verstehen?

   Sie macht immer das Gleiche, z. B. kauft sie im Supermarkt immer die gleichen Produkte ein. Das tut sie, weil sie dann nicht lesen muss, was auf den Verpackungen steht.

Lesekompetenz | **17**

Bearbeite die folgenden halboffenen Aufgaben zum Text „Ein Leben ohne Buchstaben" (S. 12/13).

Übung 4

1. Ergänze den vorgegebenen Satz: Es ist erstaunlich, dass Jennifer ihren Hauptschulabschluss geschafft hat, weil ...

   _____
   _____

2. Wie hat Jennifer die Ausbildung zur Einzelhandelskauffrau geschafft?

   _____
   _____

3. Jennifer bestellt im Restaurant immer nur Pizza Margherita. Warum? Stelle eine begründete Vermutung an.

   _____
   _____

4. Ergänze den folgenden Satz: Die Arbeit am Fließband gibt Jennifer Sicherheit, weil ...

   _____
   _____

5. „Die Wiederholung stärkt ihr Selbstbewusstsein." (Z. 114/115)
   Erkläre, warum das so ist.

   _____
   _____
   _____

6. Es heißt im Text: „Jennifer will sich nicht mehr verstecken." (Z. 28/29)
   Was bedeutet das?

   _____
   _____
   _____

7. Es heißt im Text, dass Analphabetismus noch immer ein Tabuthema sei (vgl. Z. 127/128). Wie ist das zu verstehen?

   _____
   _____

Übung 4

3 Sachtexte verstehen

Sachtexte beziehen sich auf **tatsächliche Sachverhalte** in der Vergangenheit oder Gegenwart. Manchmal behandeln sie auch Sachverhalte, deren zukünftiges Eintreten sehr wahrscheinlich ist (wie z. B. der Klimawandel). Der Verfasser eines Sachtextes denkt sich nichts aus, sondern stellt nur dar, was er über ein Thema weiß.

3.1 Die Absicht des Verfassers erkennen

Es ist wichtig, dass du durchschaust, welche **Absicht** ein Verfasser mit seinem Text verfolgt, denn nur wenn dir das gelingt, kannst du den Text richtig verstehen.

Auf einen Blick

Absichten des Verfassers	
informieren	Der Verfasser formuliert seine Informationen **sachlich** und **neutral**.
kommentieren	Er sagt klar, was er über ein Thema denkt, und äußert **seine Meinung** dazu.
appellieren	Er **fordert** den Leser dazu **auf**, etwas zu tun oder zu unterlassen.
anleiten	Er **erklärt Schritt für Schritt**, wie man vorgehen muss, um etwas zu tun.
unterhalten	Der Verfasser will, dass der Leser beim Lesen **Vergnügen** oder Spannung empfindet.

Tipp

> Manche Autoren verfolgen mit ihren Texten **mehrere Absichten**. Beispielsweise wird der Verfasser eines Sachbuchs wahrscheinlich Wert darauf legen, dass sich seine Leser beim Lesen nicht nur informiert, sondern auch unterhalten fühlen. Frage dich in diesem Fall, **welche Absicht bedeutsamer ist**: die der Information oder die der Unterhaltung.

Übung 5 Welche Absicht verfolgt der Verfasser? Ordne passend zu, indem du die Buchstaben in die linke Spalte einträgst.

A. informieren B. appellieren C. unterhalten
D. kommentieren E. anleiten

Absicht	Der Verfasser...
	erzählt sehr anschaulich und lebendig von seinen Erlebnissen während einer Reise in die Türkei.
	teilt dem Leser mit, dass es am frühen Morgen bei dichtem Nebel auf der Autobahn A 10 zu einer Massenkarambolage gekommen ist.
	erklärt dem Leser, wie er vorgehen muss, um bei seinem neuen Fernseher die einzelnen Sender zu programmieren.
	kritisiert, dass es immer wieder Zugausfälle im S-Bahn-Verkehr gibt.
	fordert den Leser auf, in der kalten Jahreszeit auf passende Kleidung zu achten.

3.2 Textsorten unterscheiden

Bei vielen Sachtexten, die uns im Alltag begegnen, handelt es sich um Zeitungstexte. Sie informieren über wichtige Ereignisse, die kurz zuvor passiert sind, und veranlassen den Leser, sich zu den Geschehnissen eine eigene Meinung zu bilden.
Es erleichtert dir das Verständnis, wenn du die **Merkmale** der einzelnen Textsorten kennst. Am häufigsten kommen diese Zeitungstexte vor:

Merkmale der verschiedenen Sachtextsorten

▸ **Bericht**
Ein Bericht informiert **sachlich** und **neutral** über wichtige aktuelle Ereignisse. Berichte sind in der Regel so aufgebaut: Zuerst werden die W-Fragen beantwortet: **Was** ist geschehen? **Wer** ist betroffen? **Wo** ist es geschehen? **Wann** ist es geschehen? Evtl. wird auch gleich am Anfang etwas über die Folgen gesagt. Erst danach folgen genauere Ausführungen zum Ablauf: **Wie** ist es geschehen? **Warum** ist es passiert? Berichte sind in der Regel im **Präteritum** verfasst.

▸ **Reportage**
Eine Reportage **informiert ausführlich**, **anschaulich** und **unterhaltsam** über ein Thema. Der Einstieg erfolgt oft über eine „Nahaufnahme" (z. B. die persönliche Lage einer Familie); davon ausgehend wird **Grundlegendes** dargestellt (z. B. über eine bestimmte Situation). Reportagen sind in der Regel im **Präsens** verfasst, denn das wirkt anschaulich, so, als sei der Verfasser direkt vor Ort.

▸ **Kommentar**
In einem Kommentar äußert der Verfasser seine **Meinung** über ein aktuelles Ereignis oder eine aktuelle Entwicklung. Seine Meinung kann positiv (befürwortend) oder negativ (kritisch) ausfallen; evtl. wirkt er auch ratlos. In der Regel beginnt der Verfasser damit, kurz auf das Ereignis Bezug zu nehmen, zu dem er sich kommentierend äußern will. Danach sagt er, was er davon hält. Kommentare sind überwiegend im **Präsens** verfasst. Die Darstellung ist **sachlich**, aber **nicht neutral**. (Der Verfasser vertritt ja eine bestimmte Meinung!)

▸ **Glosse**
Die Glosse ist eine Art **humorvoller Kommentar**. Der Verfasser übt darin Kritik an einem Ereignis oder einer Entwicklung; das aber tut er auf äußerst **lässige** und **witzige** Art. Häufig wird darin auch Umgangssprache verwendet. Glossen sind – wie Kommentare – meist im **Präsens** verfasst.

▸ **Interview**
Das Interview gibt den Ablauf eines Gesprächs in Form eines **Dialogs** wieder: Ein Vertreter der Zeitung stellt einer Person **Fragen** und diese **antwortet** darauf. Sowohl die Fragen als auch die Antworten werden abgedruckt.

Tipp

> Wenn dir ein Text vorliegt, den du nicht klar einer Textsorte zuordnen kannst, verwendest du zur Bestimmung das Wort „**Sachtext**".

Lesekompetenz

Übung 6 Welches Merkmal passt zu welcher Textsorte? Kreuze entsprechend an.

Hinweis: Einige Merkmale lassen sich mehr als einer Textsorte zuordnen.

Die Darstellung ...	Bericht	Reportage	Interview	Kommentar	Glosse
a) wirkt anschaulich.	☐	☐	☐	☐	☐
b) wirkt sachlich und neutral.	☐	☐	☐	☐	☐
c) wirkt humorvoll.	☐	☐	☐	☐	☐
d) wirkt kritisch.	☐	☐	☐	☐	☐
e) wirkt übertrieben.	☐	☐	☐	☐	☐
f) zeigt die Meinung des Autors.	☐	☐	☐	☐	☐
g) erfolgt meist im Präteritum.	☐	☐	☐	☐	☐
h) erfolgt in der Regel im Präsens.	☐	☐	☐	☐	☐
i) strebt auf einen überraschenden Wendepunkt zu.	☐	☐	☐	☐	☐
j) entspricht der eines Dialogs.	☐	☐	☐	☐	☐
k) bezieht sich auf Einzelfälle, aber auch auf Grundsätzliches.	☐	☐	☐	☐	☐
l) enthält auch Umgangssprache.	☐	☐	☐	☐	☐

Übung 7 Die folgenden Texte befassen sich alle mit dem Thema „Graffiti". Bestimme die Textsorte und notiere jeweils die Merkmale, an denen du sie erkannt hast.

Text A

Polizei stellt Graffiti-Sprayer

Die Polizei ertappte am 01.05.2012 gegen 18:50 Uhr drei Graffiti-Sprayer auf frischer Tat, während diese ein Gebäude am Heiligen Weg in Dortmund-Mitte beschmierten.
Beim Erblicken der Polizeikräfte flüchteten die Drei auf ein angrenzendes Brachgelände[1]. Die Beamten nahmen sofort die Verfolgung auf und stellten noch in Tatortnähe einen 22-Jährigen aus Castrop-Rauxel sowie einen 14-jährigen Dortmunder. Im Laufe der Fahndungsarbeiten stießen weitere Polizeikräfte auf einen 16-jährigen Jugendlichen aus Dortmund, der für die Schmierereien ebenfalls infrage kommen könnte. Die Polizei ermittelt nun wegen Sachbeschädigung. Der 14-Jährige wurde von der Polizei an seine Eltern übergeben.

Quelle: Amanda Vorderdefler: Polizei stellt Graffiti-Sprayer, 02.05.2012. Polizei Dortmund.
Im Internet unter: http://www.presseportal.de/polizeipresse/pm/4971/2245139/pol-do-polizei-stellt-graffiti-sprayer, aus didaktischen Gründen stellenweise gekürzt und leicht geändert.

1 Brachgelände: unbebautes, ungenutztes Gelände

Textsorte: _____

Merkmale: _____

Text B

Gespräch mit einem Sprayer

Wir führten das Gespräch mit einem Sprayer aus Münster, der seit 8 Jahren in der Szene ist. Inzwischen malt er nur noch legale Bilder, dazu gehören auch Auftragsarbeiten.

REDAKTION: Ist Graffiti Kunst?

SPRAYER: Meiner Meinung nach definitiv. Alle Sprayer unterscheiden sich und sind individuell in ihrem Stil. Die Entwicklung und Umsetzung einer Idee hängt von der persönlichen Entwicklung eines jeden Sprayers ab. Jeder, der sprüht, macht das aus seinem persönlichen Drang.

REDAKTION: Was würdest du einem 13-Jährigen raten, der sich für Graffiti interessiert?

SPRAYER: Wer eine „Sprayerkarriere" durchlaufen hat, wird einige Male dabei auf die Fresse gefallen sein. Entweder kommt dann der Punkt, an dem der Jugendliche rafft, dass illegales Sprayen viele Probleme mit sich bringt, oder er rafft es nicht. Das ist auch eine Frage der Intelligenz. Ich würde ihm raten, sich erst mal mit der Materie auseinanderzusetzen. Dann soll er sich seine Dose nehmen, um an legalen Flächen zu checken, ob Graffiti überhaupt sein Ding ist. Alles andere kommt von selbst. Es gibt ja auch genügend legale Projekte in Münster, wo Jugendliche sprühen können.

REDAKTION: Wir danken dir für das Gespräch.

Quelle: OPSG Münster, 12. 03. 2003, im Internet unter: http://www.graffiti-muenster.de/pages/dialog/sprayer.html, aus didaktischen Gründen stellenweise gekürzt und leicht geändert.

Textsorte: _____

Merkmale: _____

Text C

Graffitireport 3: Der Reiz der Illegalität

Der Weg führt vorbei an kleinen Reihenhäusern, in deren Fenstern das Licht schon lange erloschen ist. Harald[1] zieht seine schwarzen Latexhandschuhe über, kurz bevor er das Ziel an der nächsten Hauptstraße erreicht. Zwischen seinem Halstuch, das er bis über die Nase gezogen hat, und seiner Kapuze bleibt nur noch ein schmaler Sehschlitz. Einige Stunden zuvor hat er die Sprühdosen durchgeschüttelt, sie sorgfältig von Fingerabdrücken befreit und die entsprechenden Sprühköpfe aufgesteckt.
Harald gehört zu den Sprühern, die ihre Bilder ohne Erlaubnis an die Wände bringen. „Ich will, dass jeder in dieser Stadt dieses Zeichen kennt."
Bombings, so findet er, sind das Aufregendste. Bombing bedeutet: Ein Graffiti an einer besonders belebten Stelle zu setzen. „Das Gefühl ist unbeschreiblich", sagt Harald. Und alles für den Ruhm. Graffiti ist ein Wettstreit. Wer malt am meisten, wer liefert die beste Qualität, wer wählt die gefährlichsten Stellen – so lauten die Kriterien. Wer in allen drei Kategorien überzeugt, genießt großes Ansehen. Denn in der Szene kennt man die Person, die hinter einem Graffiti steht, und zollt ihr den entsprechenden Respekt. In der Öffentlichkeit jedoch ist sie dazu verdammt, anonym zu bleiben. „Wir Sprayer sind ganz normale Personen, aus allen Schichten. Vom Arbeitslosen bis zum Arzt ist alles dabei", klärt Harald auf. „Vielleicht ist dein Chef oder dein Postbote einer von uns", witzelt er mit einem breiten Grinsen.

Quelle: Jens Helmken: Graffitireport 3. Der Reiz der Illegalität. Medienlabor Bremen. Im Internet unter: http://medienlab.com/labor/10-11/2011/02/16/graffitireport-3-der-reiz-der-illegalitaet/, aus didaktischen Gründen stellenweise gekürzt.

Textsorte: _____

Merkmale: _____

[1] Name von der Medienlab-Redaktion geändert

Text D

Graffiti im Wald

■ „Ich ging im Walde so vor mich hin, und nichts zu suchen, das war mein Sinn"[1]. Wir wissen, wen der Waldspaziergänger Goethe mit dem Blümlein im Schatten meinte, das er mit allen Wurzeln aushebt und wieder am stillen Ort pflanzt, wo es ihm nun immer zweigt und blüht. Auch ich ging im Duisburger Umlandwalde so vor mich hin, nicht Blümlein – Graffiti verstören den Sinn.

Da haben doch tatsächlich freche Sprayer die Orientierungstafel „Erholungsgebiet Angertal" kräftig umgestaltet! Von Weg- und Flurbezeichnungen ist nichts mehr zu erkennen. Blau, rot und schwarz glühende Flächen, Linien und Buchstaben überlagern die ehedem[2] grüne Wanderkarte vollständig. Der Zorn über Schmierereien sogar in der Waldabgeschiedenheit legt sich rasch. Je länger ich mich in die bunte Tafel im Schatten vertiefe, desto mehr erliege ich ihrem ästhetischen[3] Reiz. Ich habe ein Kunstwerk gefunden! Und tröste in Gedanken die Wanderer: Wer auf diesen Waldweg gestoßen ist, der findet auch ohne Orientierungstafel wieder zurück. Das Waldbild aber wirkt und glüht mir immerfort. ■

Quelle: © Hans-Otto Schenk

1 Anfang des Gedichts „Gefunden" von Johann Wolfgang von Goethe

2 ehedem: vormals

3 ästhetisch: schön anzusehen

Textsorte: _____

Merkmale: _____

Text E

Lesermeinung zu „Ist Graffiti in Berlin Kunst oder Verunstaltung" vom 15. April

Wenn im öffentlichen Raum Flächen für Kreatives zur Verfügung gestellt werden, ist das in Ordnung. Aber willkürliche Schmierereien an Häuserfronten, Dächern, Mauern oder öffentlichen Gebäuden haben nichts mit Kultur zu tun. Das ist und bleibt Sachbeschädigung und somit ein Straftatbestand. Ich kann mir auch nicht vorstellen, dass der Tourismus nach Berlin durch Graffiti gefördert wird, vielmehr zeigt sich, dass Straßen und Orte, in denen Graffiti nicht schnell beseitigt wird, ganz schnell verkommen. Ich finde es besorgniserregend, dass immer mehr Menschen ihre Neigungen ohne Rücksicht auf ihre Mitmenschen ausleben.

Quelle: Nina Sen, 22.04.2012. Im Internet unter: http://www.tagesspiegel.de/meinung/spaetroemische-schmierereien/6539260.html, aus didaktischen Gründen stellenweise gekürzt und leicht geändert.

Textsorte: _____

Merkmale: _____

_____

_____

3.3 Nichtlineare Texte: Tabellen und Diagramme

Bei nichtlinearen Texten handelt es sich um eine besondere Art von Sachtexten. Sie stellen sehr **übersichtlich** dar, wie häufig etwas vorkommt. Alles, was sich messen und klar zuordnen lässt, kann Thema eines nichtlinearen Textes sein. *Wie oft? Wie lange? Wie viel?* Das sind mögliche Fragen, die beantwortet werden. Man unterscheidet bei nichtlinearen Texten zwischen **Tabellen** und **Diagrammen**.

Tabellen

Tabellen listen Zahlen übersichtlich in **Spalten** und **Zeilen** auf.

Text A

Frage: „Bereitet dir das Thema Geld manchmal Sorgen?"

	15–17 Jahre %	18–20 Jahre %	insgesamt %
• Ja, meistens	11	9	10
• Ja, häufig	9	15	12
• Ja, manchmal	38	36	37
• Ja, selten	17	17	17
• Nein, fast nie/nie	25	23	24

Basis: 500 Jugendliche und junge Erwachsene im Alter von 15 bis 20 Jahren
Quelle: GFK (Gesellschaft für Konsumforschung) 2013

Beispiel

Diagramme

Diagramme stellen Zahlen in Form von **Grafiken** dar. Die folgenden Diagrammarten kommen besonders häufig vor:

▶ **Kreisdiagramme**

Sie bilden Zahlen in Form von Kreisausschnitten ab. Alle Kreisausschnitte ergeben zusammen genau 100 Prozent.

Beispiel   **Text B**

Frage: „Kommst du mit deinem Geld jeden Monat aus?"

- Nein, eher nicht/nein, nie: 9 %
- Teils, teils: 19 %
- Ja, immer/ja, meistens: 72 %

Basis: 500 Jugendliche und junge Erwachsene im Alter von 15 bis 20 Jahren
Quelle: GFK 2013

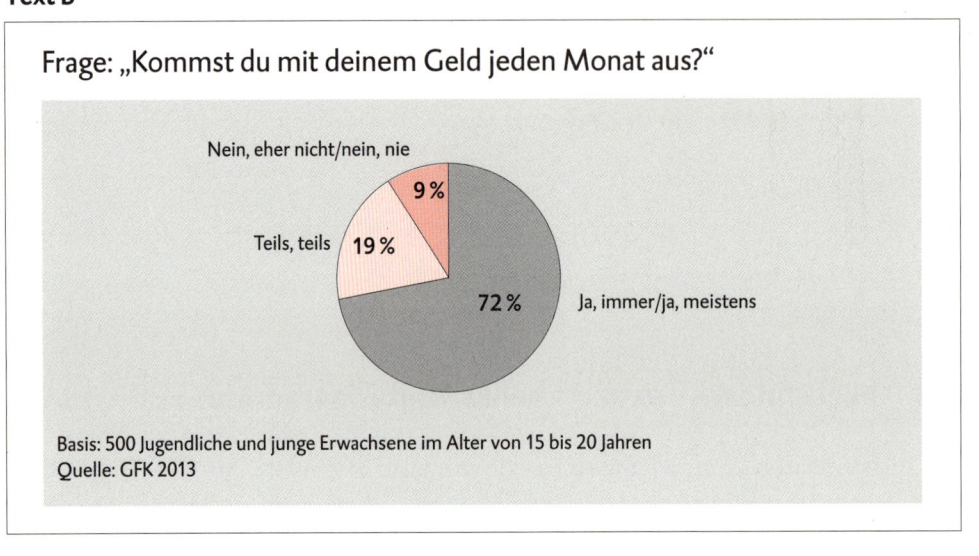

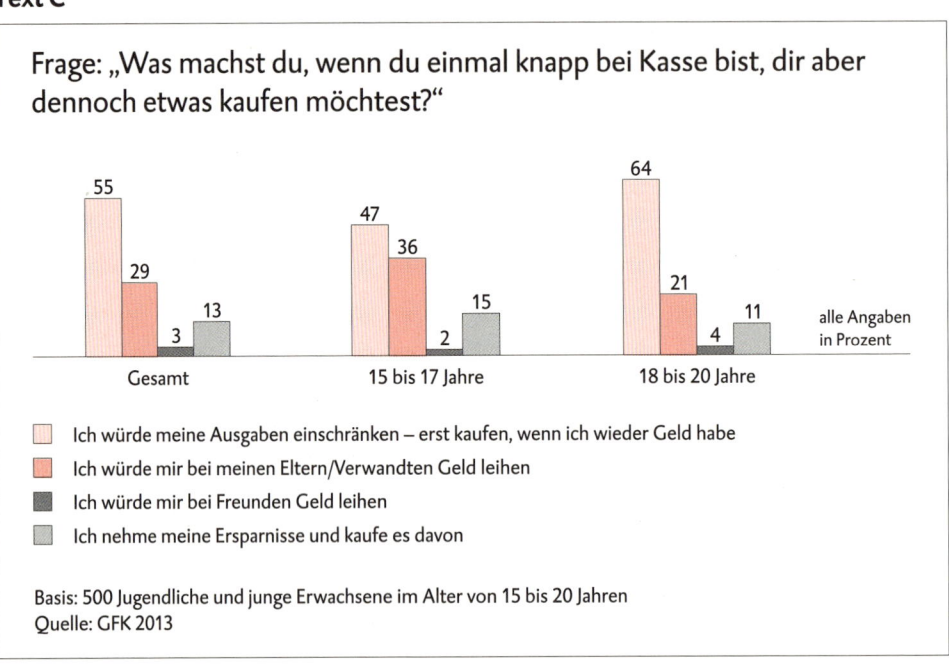

▶ **Säulendiagramme**

Sie bilden Zahlen in Form von senkrechten Säulen ab.

Beispiel   **Text C**

Frage: „Was machst du, wenn du einmal knapp bei Kasse bist, dir aber dennoch etwas kaufen möchtest?"

	Gesamt	15 bis 17 Jahre	18 bis 20 Jahre
Ich würde meine Ausgaben einschränken – erst kaufen, wenn ich wieder Geld habe	55	47	64
Ich würde mir bei meinen Eltern/Verwandten Geld leihen	29	36	21
Ich würde mir bei Freunden Geld leihen	3	2	4
Ich nehme meine Ersparnisse und kaufe es davon	13	15	11

alle Angaben in Prozent

Basis: 500 Jugendliche und junge Erwachsene im Alter von 15 bis 20 Jahren
Quelle: GFK 2013

▶ Balkendiagramme
Sie bilden Zahlen in Form von waagerechten Balken ab.

Text D *Beispiel*

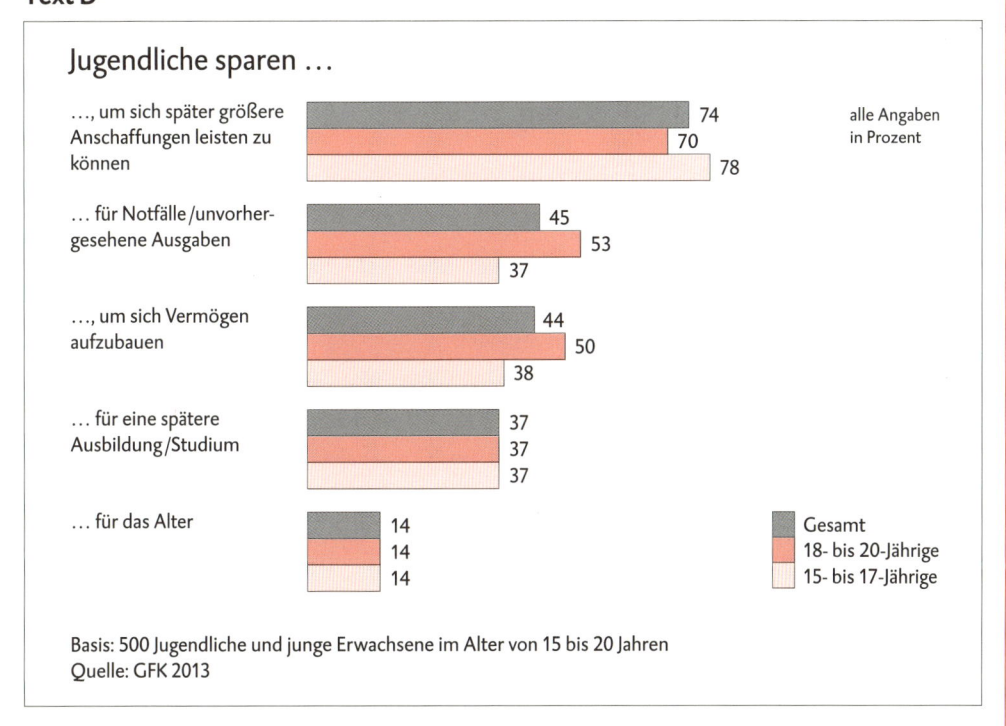

Jugendliche sparen …

	Gesamt	18- bis 20-Jährige	15- bis 17-Jährige
…, um sich später größere Anschaffungen leisten zu können	74	70	78
… für Notfälle/unvorhergesehene Ausgaben	45	53	37
…, um sich Vermögen aufzubauen	44	50	38
… für eine spätere Ausbildung/Studium	37	37	37
… für das Alter	14	14	14

alle Angaben in Prozent

Basis: 500 Jugendliche und junge Erwachsene im Alter von 15 bis 20 Jahren
Quelle: GFK 2013

▶ Kurvendiagramme
Sie bilden Zahlen in Form von Kurven ab, die von links nach rechts verlaufen. Die Kurven stellen meist dar, wie sich Zahlen innerhalb eines bestimmten Zeitraums entwickelt haben.

Text E *Beispiel*

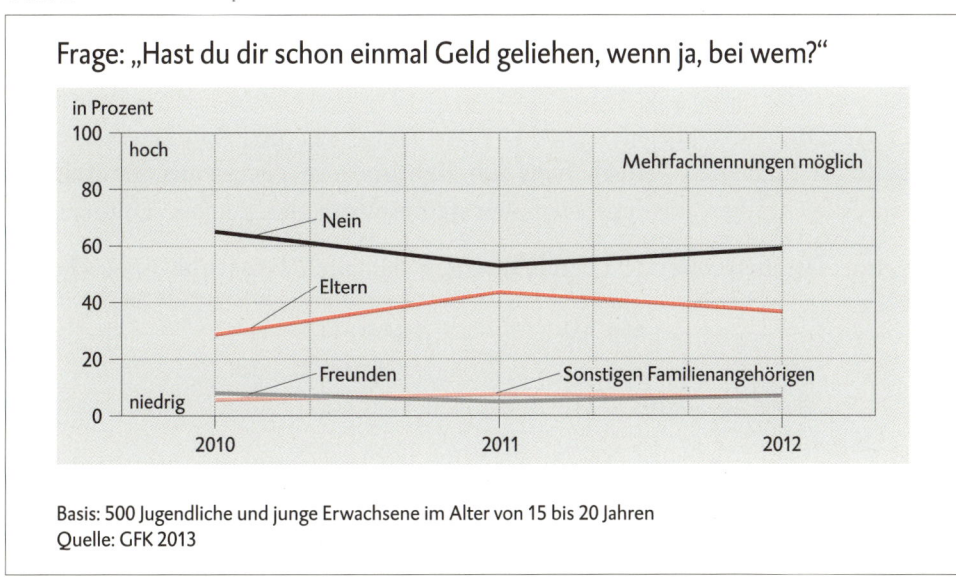

Frage: „Hast du dir schon einmal Geld geliehen, wenn ja, bei wem?"

Mehrfachnennungen möglich

Kurven: Nein, Eltern, Freunden, Sonstigen Familienangehörigen
Jahre: 2010, 2011, 2012
in Prozent (niedrig 0 – hoch 100)

Basis: 500 Jugendliche und junge Erwachsene im Alter von 15 bis 20 Jahren
Quelle: GFK 2013

Lesekompetenz

Schritt für Schritt

Aufgaben zu nichtlinearen Texten bearbeiten

Arbeitsschritt **1** Bestimme das **Thema** der Tabelle oder des Diagramms. Frage dich:
Worum geht es?
Entscheidende Hinweise zum Thema findest du in der Regel in der **Überschrift**.

Arbeitsschritt **2** Beachte die **Legende**. Sie steht außerhalb des eigentlichen nichtlinearen Textes und vermittelt oft wichtige Informationen über den Personenkreis oder den Zeitpunkt, zu dem die Daten erhoben wurden.

Arbeitsschritt **3** Beachte die **Bezugsgrößen**. Frage dich:
Um welchen Personenkreis geht es?
Wann wurden die Zahlen erhoben?
Auf welchen Zeitpunkt/Zeitraum beziehen sich die Daten?

Arbeitsschritt **4** Überlege, in welchen **Einheiten** die Zahlen angegeben sind: Handelt es sich um absolute Zahlen oder Prozentzahlen?

Arbeitsschritt **5** Sieh dir die einzelnen Werte erst einmal flüchtig an. Achte dabei schon auf die **Extremwerte**, das heißt die Werte, die besonders hoch oder niedrig sind.

Arbeitsschritt **6** Betrachte die Werte nun genauer. Beachte vor allem auffällige **Ähnlichkeiten** und **Unterschiede**.

Arbeitsschritt **7** Bearbeite nun die **Aufgaben**, auf die sich Tabelle oder Diagramm beziehen.

Hinweis: Nichtlineare Texte geben nur Häufigkeiten oder Mengen an. Die abgebildeten Werte beziehen sich immer auf einen bestimmten Zeitpunkt oder Zeitraum. Tabellen und Diagramme geben **keine Auskünfte über Ursachen**. Trotzdem lassen sich oft **Zusammenhänge** erkennen. Diese zeigen sich darin, dass es bestimmte **Übereinstimmungen** gibt – oder auch **Unterschiede**. Bei nichtlinearen Texten, die sich auf einen längeren Zeitraum beziehen, z. B. bei Kurvendiagrammen, spielen auch **Veränderungen** eine Rolle.

Tipp

> Bei nichtlinearen Texten sind vor allem Übereinstimmungen und Unterschiede interessant. Daraus lassen sich nämlich bestimme Aussagen ableiten. Zum Beispiel kann ein Sachverhalt auf die Mitglieder einer bestimmten Gruppe **besonders oft**, **durchschnittlich oft**, **vergleichsweise selten** oder **gar nicht** zutreffen.

Übung 8 Bearbeite die folgenden Aufgaben zu den nichtlinearen Texten aus den Beispielen.
Hinweis: Alle Grafiken aus den Beispielen stammen aus der gleichen Untersuchung.

1. Nenne das übergreifende Thema, mit dem sich alle Texte (A bis E) beschäftigen.

   _____

2. Wie lautet die Quelle der Texte? _____

3. In welchem Jahr wurden die Umfrageergebnisse veröffentlicht? _____

4. Welcher Text gibt seine Zahlen als absolute Zahlen an? Kreuze an.

   a) ☐ Tabelle   b) ☐ Kreisdiagramm
   c) ☐ Säulendiagramm   d) ☐ Balkendiagramm
   e) ☐ Kurvendiagramm   f) ☐ keiner der Texte

5. Nenne den Personenkreis, auf den sich die Zahlen der Texte beziehen.
   _____

6. Sieh dir das **Balkendiagramm** an: Wofür sparen Jugendliche am meisten und wofür am wenigsten? Fülle die Lücken.

   a) Jugendliche sparen am meisten _____,

      nämlich _____ Prozent.

   b) Jugendliche sparen am wenigsten _____,

      nämlich _____ Prozent.

7. In der **Tabelle** lautet die Frage: „Bereitet dir das Thema Geld manchmal Sorgen?" Bei welcher Auswahlantwort liegen die Werte der 15- bis 17-Jährigen und der 18- bis 20-Jährigen am weitesten auseinander? Schreibe Antwort und Werte auf.
   _____

8. Schau dir das **Säulendiagramm** an: Was würden die meisten Jugendlichen tun, wenn sie kein Geld für eine gewünschte Anschaffung hätten?

   Die meisten Jugendlichen würden …

   a) ☐ ihre Ausgaben einschränken, bis wieder Geld zur Verfügung steht.
   b) ☐ sich Geld bei Eltern/Verwandten leihen.
   c) ☐ sich Geld bei Freunden leihen.
   d) ☐ eigene Ersparnisse verwenden.

9. … Und was würden die wenigsten Jugendlichen tun, wenn sie kein Geld für eine gewünschte Anschaffung hätten?

   Die wenigsten Jugendlichen würden …

   a) ☐ ihre Ausgaben einschränken, bis wieder Geld zur Verfügung steht.
   b) ☐ sich Geld bei Eltern/Verwandten leihen.
   c) ☐ sich Geld bei Freunden leihen.
   d) ☐ eigene Ersparnisse verwenden.

10. Über welchen Zeitraum wurden die Daten des **Kurvendiagramms** erhoben?
    _____

11. Sieh dir das **Kurvendiagramm** an: In welchem Jahr gaben die wenigsten Jugendlichen an, sich noch niemals Geld geliehen zu haben?
    _____

12. Welche Information findet sich in **keinem** der Texte? Kreuze sie an.

    In **keinem** der Texte steht, dass ...

    a) ☐ fast drei Viertel der Jugendlichen jeden Monat immer oder meistens mit ihrem Geld auskommen.

    b) ☐ die meisten Jugendlichen für eine spätere Ausbildung oder ein Studium sparen.

    c) ☐ wenn Jugendliche sich Geld leihen, sie es am häufigsten bei ihren Eltern leihen.

    d) ☐ das Thema Geld zwölf Prozent der Jugendlichen häufig Sorgen bereitet.

13. Welche Information findet sich in welchem Text? Trage den entsprechenden Buchstaben in die linke Spalte ein. Wähle jeweils das Beispiel, in dem die entsprechende Information ausdrücklich genannt wird.

    A. Tabelle
    B. Kreisdiagramm
    C. Säulendiagramm
    D. Balkendiagramm
    E. Kurvendiagramm

Text	Informationen
	Über die Hälfte der befragten Jugendlichen hat sich noch nie Geld geliehen.
	18- bis 20-Jährige sparen häufiger für Notfälle und unvorhergesehene Ausgaben als 15- bis 17-Jährige.
	Nur drei Prozent aller befragten Jugendlichen würden sich Geld bei Freunden leihen.
	Knapp ein Viertel aller befragten Jugendlichen macht sich keine Sorgen um das Thema Geld.
	Weniger als zehn Prozent der befragten Jugendlichen haben am Ende des Monats kein Geld mehr in der Tasche.

Schreibkompetenz

Beim Schreiben eines Textes musst du zeigen, dass du einen Sachverhalt **angemessen**, **klar** und **verständlich** ausdrücken kannst. Ein gelungener Text überzeugt sowohl **inhaltlich** als auch **sprachlich**. Das leuchtet ein: Wer nichts Vernünftiges zu sagen hat, der kann den Leser auch dann nicht überzeugen, wenn er sich gut ausdrückt. Und wer gute Ideen hat, aber nicht in der Lage ist, seine Gedanken verständlich auszudrücken, der wird beim Leser höchstens ein Stirnrunzeln hervorrufen.

In der Prüfung musst du zeigen, dass du Folgendes leisten kannst:

▶ Du hast etwas zu sagen, d. h., du verfügst über genügend **Kenntnisse** zu dem **Thema**, um das es geht. Diese Kenntnisse vermitteln dir in erster Linie die Texte, die dir vorgelegt werden.

▶ Du kannst die **wesentlichen Gedanken** zum Thema **auswählen**. (Nicht alles ist gleichermaßen wichtig!)

▶ Du kannst deine Gedanken in eine sinnvolle **Reihenfolge** bringen.

▶ Du kennst die Merkmale der jeweiligen **Textsorte**, die du verfassen sollst (z. B. eines Zeitungsartikels, eines Referats …), und berücksichtigst sie.

▶ Du kannst dich in den möglichen **Leser** hineinversetzen. Dein Text sollte nämlich den Wissensstand des Lesers berücksichtigen. (Was weiß er über das Thema? Was weiß er noch nicht?) Außerdem sollte dein Text in einer Sprache verfasst sein, die zum Leser passt. In einem Brief an den Schulleiter musst du dich z. B. anders ausdrücken, als wenn du an einen Freund schreibst.

▶ Du kannst dich in den **Schreiber** hineinversetzen. In der Regel sollst du aus deiner eigenen Sicht schreiben. Es kann aber vorkommen, dass du einen Text aus der Perspektive einer anderen Person schreiben musst, und auch dann soll dein Text glaubwürdig wirken. Und glaubwürdig kann dein Text nur dann sein, wenn er sowohl inhaltlich als auch sprachlich zum Schreiber passt.

▶ Darüber hinaus solltest du natürlich auch möglichst **fehlerfrei schreiben**. Das heißt, du solltest dich korrekt ausdrücken, (möglichst) alle Wörter richtig schreiben und auch die Satzzeichen korrekt setzen.

Tipp

Dein Text sollte eine **angemessene Länge** haben. In der Prüfung ist eine Mindestanzahl von 150 Wörtern gefordert. Wenn du allerdings einen ausführlichen, informativen und ansprechenden Aufsatz schreiben willst, solltest du ungefähr die doppelte Anzahl von Wörtern einplanen.

4 Den Schreibprozess steuern

Um einen guten Text zu schreiben, darfst du nicht einfach drauflosschreiben. Du solltest dir angewöhnen, den Schreibprozess richtig zu steuern.
Grundsätzlich gilt: **Erst denken – dann schreiben!**
Ein gelungener Schreibprozess besteht aus drei Phasen:

▶ Planen

▶ Schreiben

▶ Überarbeiten

Planungsphase

Bereite das Schreiben deines Textes Schritt für Schritt vor:

Schritt für Schritt

Den Schreibprozess planen

Arbeitsschritt **1** **Die Aufgabenstellung verstehen:** Lies dir die Aufgabenstellung genau durch und mache dir stichpunktartig Notizen zu folgenden Gesichtspunkten:
- Wie lautet das **Thema**? Versuche, es möglichst knapp und prägnant zu formulieren.
- Welche **Textsorte** ist verlangt? Welche Merkmale hat diese Textsorte?
- Wer ist der **Schreiber**? Welches **Ziel** verfolgt er?
- Wer ist der **Leser**? Welches Vorwissen hat er? Und was weiß er nicht?

Arbeitsschritt **2** **Ideen sammeln:** Was weißt du über das Thema? Notiere sie so, wie sie dir in den Sinn kommen: entweder in Form einer **Liste**, also untereinander, oder in Form eines **Clusters**. Erste wichtige Ideen findest du in den vorgegebenen Texten. Daneben solltest du aber noch weitere Einfälle aus deinem Erfahrungswissen ergänzen. Wähle diejenigen Informationen aus, die zu deinem Schreibziel passen.

Arbeitsschritt **3** **Ideen bündeln:** Bei deinen Einfällen wird es stets einige geben, die bei genauer Betrachtung inhaltlich zusammengehören. Kennzeichne Notizen, die **gedanklich eine Gruppe** bilden, jeweils mit demselben Buchstaben.
Hinweis: Um festzustellen, welche Ideen inhaltlich zusammengehören, kannst du dir die typischen W-Fragen stellen: *Wer oder wen? Was? Wann? Wie oft? Wo? Warum?* Auch diese Frage kann von Bedeutung sein: *Welche Folgen?*

Arbeitsschritt **4** **Ideen-Gruppen benennen:** Finde für die einzelnen Ideen-Gruppen eine Art Überschrift, um sie zu bezeichnen.
Hinweis: Mögliche Benennungen betreffen bestimmte Gesichtspunkte des Themas, z. B.: *Situation, Gründe, Folgen, Unterschiede, Gefühle, Verhalten* (das eigene – und das anderer).

Arbeitsschritt **5** **Die Reihenfolge festlegen:** Ordne deine Ideen-Gruppen nach dem Prinzip der ansteigenden Wichtigkeit an: Beginne mit einem eher unwichtigen Gesichtspunkt und steigere dich dann. Am Schluss kommt der Gesichtspunkt, der dir am wichtigsten erscheint.

Arbeitsschritt **6** **Einen Schreibplan erstellen:** Halte zunächst fest, was du im Hauptteil schreiben willst. Notiere jeweils die Benennungen der einzelnen Ideen-Gruppen und die zugehörigen Ideen, und zwar in der Reihenfolge, die du dafür festgelegt hast. Schreibe sie untereinander; so behältst du gut die Übersicht. Anschließend ergänzt du, was du in der Einleitung und im Schlussabsatz schreiben willst.

Schreibkompetenz | 31

Tipp

> Wenn du deine Ideen in ein **Cluster** einträgst, wirken die Stichworte wie zufällig zusammengetragen. Das ist von Vorteil, denn dann bist du **nicht voreingenommen**, wenn es darum geht, die Notizen zu bündeln und die Reihenfolge festzulegen.

Übung 9

Stelle dir Folgendes vor:

In der letzten Zeit hast du von einigen Schülern immer wieder Aussprüche wie diese gehört: „Ein Glück, dass die Schule bald vorbei ist! Dann rühre ich keine Texte mehr an. Lesen ist uncool!"
Nachdem du die Reportage „Ein Leben ohne Buchstaben" (S. 12/13) gelesen hast, hältst du eine solche Einstellung für gefährlich. Deshalb möchtest du einen Artikel für die Schülerzeitung schreiben, um deine Mitschüler über Analphabeten zu informieren.

Hinweis: Ein informierender Text für die Schülerzeitung hat die gleichen Merkmale wie ein Bericht (vgl. S. 19). Es gibt nur einen Unterschied: Berichte werden im Präteritum verfasst, informative Texte in der Regel im Präsens.

Bereite das Schreiben dieses Artikels vor, indem du die einzelnen Schritte der Planungsphase durchführst.

1. **Aufgabenstellung verstehen**
   a) Um welches **Thema** geht es? Trage den Kernbegriff in die Mitte des Clusters (siehe nächste Seite) ein.

   b) Welche **Textsorte** ist verlangt? Welche Merkmale hat diese Textsorte?

   Textsorte: _____

   Merkmale: _____

   _____

   _____

   c) Wer ist der **Schreiber**? Was für ein Ziel verfolgt er?

   Schreiber: _____

   Ziel: _____

   _____

   _____

   d) Wer ist der **Leser**? Was weißt du über dessen Vorwissen?

   Leser: _____

   Vorwissen: _____

   _____

   _____

2. **Ideen sammeln**
   Was weißt du über das Thema? Vervollständige das angefangene Cluster.
   Du kannst natürlich noch weitere eigene Ideen hinzufügen.

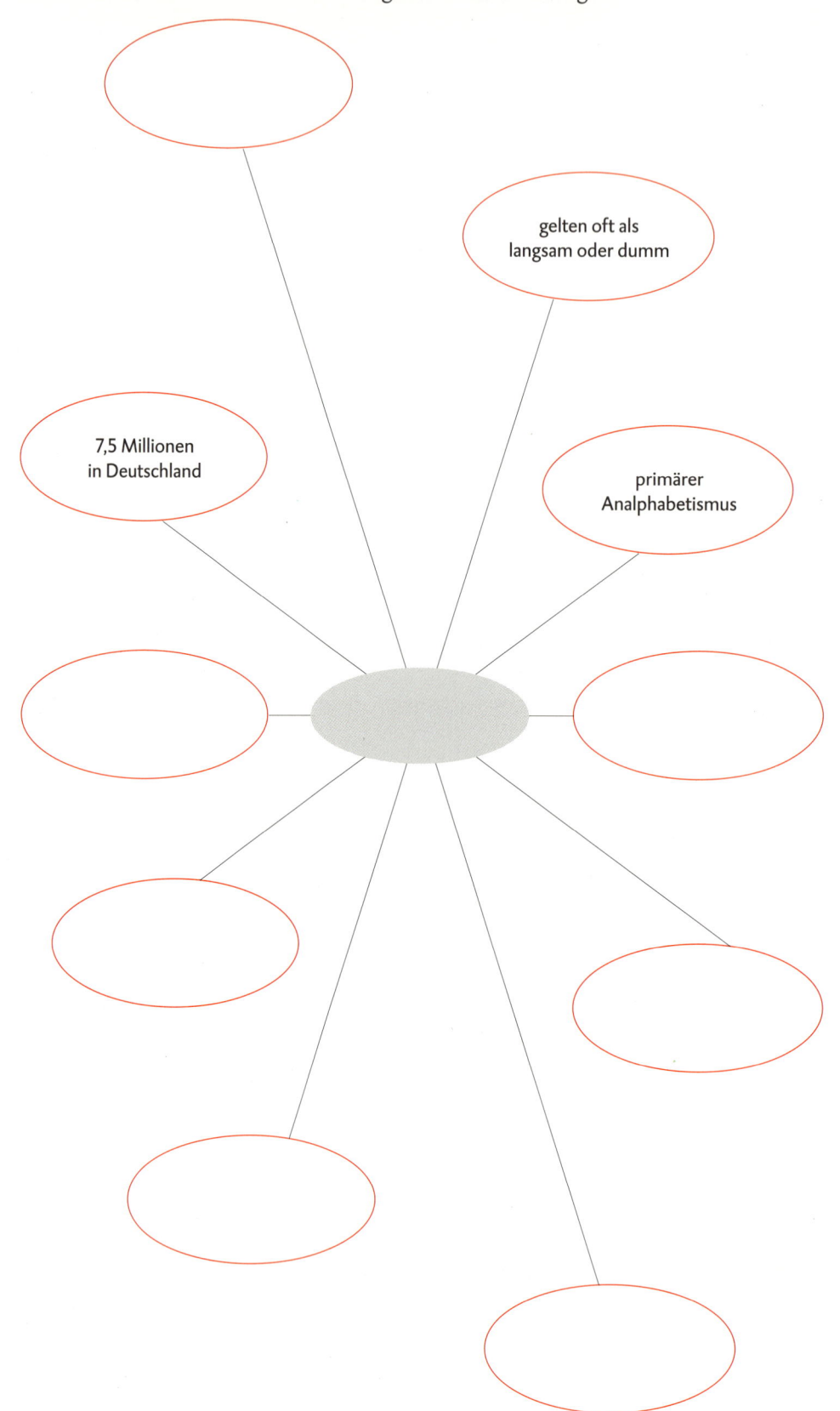

- gelten oft als langsam oder dumm
- 7,5 Millionen in Deutschland
- primärer Analphabetismus

3. **Ideen bündeln**
   Überlege, welche Einfälle inhaltlich zusammengehören, und kennzeichne sie jeweils mit dem gleichen Buchstaben.

4. **Ideen-Gruppen benennen**
   Finde Benennungen für die einzelnen Ideen-Gruppen und trage sie neben den Stichworten ein.
   Hinweis: Es genügt, wenn du die Benennung nur bei einem Stichwort aus jeder Ideen-Gruppe einträgst. Anhand der Buchstaben, die du bei Schritt 3 zugeordnet hast, weißt du ohnehin, welche Eintragung noch dazugehört.

5. **Die Reihenfolge festlegen**
   Nummeriere deine Stichwort-Gruppen in der Reihenfolge, wie du sie in deinem Text verwenden willst. Beginne mit einem eher unwichtigen Punkt und steigere dich dann.

6. **Einen Schreibplan erstellen**
   Trage zunächst alle Stichworte ein, die in den Hauptteil gehören, und zwar in der Reihenfolge, wie du sie festgelegt hast. Danach ergänzt du deine Ideen für die Einleitung und den Schluss (→ Heft).

Schreibphase

Wenn du alle vorbereitenden Schritte sorgfältig durchgeführt hast, wird dir das eigentliche Schreiben leichtfallen. Eine gründliche Planungsphase macht sich also bezahlt. Orientiere dich beim Schreiben an den Eintragungen in deinem Schreibplan.

Schreibe den Artikel für die Schülerzeitung (→ Heft). Überlege dir auch eine passende Überschrift.

Übung 10

Überarbeitungsphase

Lies deinen Text noch einmal sorgfältig durch und korrigiere Schwachstellen. Dabei geht es nicht nur um das Beseitigen möglicher **Fehler**, sondern auch um das Verbessern **ungeschickter Formulierungen**. Unterscheide zwischen kleineren und größeren Korrekturen.

Auf einen Blick

Korrekturen am Text	
Kleinere Korrekturen	Wenn du nur wenige Wörter ändern willst, streichst du diese sauber durch und schreibst die **verbesserte Version darüber**.
Größere Korrekturen	Wenn du längere Textabschnitte ändern musst, streichst du sie mit **Lineal** durch und versiehst sie mit einer **Nummer**. Die verbesserte Version schreibst du unter Angabe der Nummer auf ein **Extrablatt**.

Schreibkompetenz

Übung 11

Ein Schüler hat mit einem Leserbrief auf den Artikel über Analphabeten reagiert. Die Redaktion möchte diesen Text gern abdrucken. Allerdings sollen vorher noch einige Mängel, z. B. Rechtschreibfehler und Formulierungsschwächen, korrigiert werden.

Hinweis: Wenn es zweimal die gleiche Nummer gibt, liegt eine Wiederholung vor. Dann musst du das Wort einmal streichen oder durch einen anderen Ausdruck ersetzen.

Hi[1],

den Artikel über Analfabeten[2] von Chris Biedermann, den ihr in eurer letzten Ausgabe abgedruckt habt, fand ich richtig cool[3]. Ist ja krass[4], dass es in Deutschland so viele Analphabeten gibt. Wusste ich gar nicht.[5]

Mir war gar nicht klar, wie schwierig es im Alltag ist[6], wenn man nicht richtig lesen und schreiben kann. Ein selbstständiges leben[7] ist für Analphabeten eigentlich nicht möglich; sie brauchen ständig Hilfe, z. B. bei einer Bestellung im Restorang[8] oder beim ausfüllen[9] eines Vertrags.

Ich frage mich, wie es überhaupt dazu kommen kann[10], dass jemand nicht richtig lesen und schreiben kann[10]. Bei uns gibt es doch die Schulpflicht.

Es ist sicher wichtig, dass die Schüler die Lust am lesen[11] nicht schon in der Schule verliehren[12]. Und das kann durchaus passieren, weil, im Unterricht kriegen wir manchmal Texte[13], die uns überhaupt nicht interessieren. Außerdem müssen wir manchmal im Unterricht vorlesen[14], und ein Schüler, der nicht so gut vorlesen[14] kann, wird oft von anderen ausgelacht. Das ist echt[15]mies[16]. Da braucht man sich echt[15] nicht zu wundern, wenn son Typ[17] irgendwann kein Bock mehr auf Lesen hat[18]. Wie schlimm die Folgen aber sein können, wenn man nicht richtig lesen und schreiben kann, hat euer Artikel echt voll gut deutlich gemacht[19].

Paul Ehrlich

1. _____
2. _____
3. _____
4. _____
5. _____
6. _____
7. _____
8. _____
9. _____
10. _____
11. _____
12. _____
13. _____
14. _____
15. _____
16. _____
17. _____
18. _____
19. _____

Schreibkompetenz | 35

5 Schreibaufgaben lösen

In der Prüfung sollst du in der Regel eine ganz **bestimmte Textsorte** schreiben. Im Folgenden erfährst du, welche **Merkmale** die einzelnen Textsorten auszeichnen und wie du vorgehen kannst, um einen entsprechenden Text zu schreiben.

5.1 Den Inhalt eines Sachtextes zusammenfassen

Eine Inhaltsangabe dient dazu, den Leser **in Kürze** darüber zu informieren, worum es in einem Text geht.

Eine Inhaltsangabe schreiben | *Schritt für Schritt*

Arbeitsschritt **1**   Lies den Text genau durch. **Markiere** beim Lesen alle Textstellen, die dir wesentlich erscheinen, und mache dir kommentierende Notizen am Rand.

Arbeitsschritt **2**   **Schreibplan erstellen:** Gliedere ihn folgendermaßen:
- **Einleitung:** In einem typischen Einleitungssatz informierst du zunächst über **Textsorte**, **Titel** und **Verfasser** sowie über das **Erscheinungsdatum** und die **Quelle** des Textes, sofern sie dir bekannt sind. Nenne das **Thema** des Textes. Es folgen grundlegende Informationen. Gib Antworten auf diese W-Fragen:
  Wer ist beteiligt?
  Wo findet das Geschehen statt?
  Wann findet es statt?
  Was geschieht? – Gib einen kurzen **Überblick über das Geschehen**.
- **Hauptteil:** Beachte nun auch **Einzelheiten**. Wähle von den **Informationen**, die der Verfasser zum Thema vermittelt, die wichtigsten aus und zeige **Zusammenhänge** zwischen ihnen auf.
- **Schluss:** Abschließend kannst du noch einmal auf das **Anliegen des Verfassers** zu sprechen kommen oder die entscheidenden Aussagen hervorheben.

Arbeitsschritt **3**   **Inhaltsangabe schreiben:** Achte darauf, dass du durchgängig im **Präsens** formulierst, und verzichte auf wörtliche Rede.

Arbeitsschritt **4**   **Text überarbeiten:** Lies den Text noch einmal sorgfältig durch. Korrigiere Fehler und Formulierungsschwächen.

Achte bei der Darstellung deiner Inhaltsangabe auf folgende Gesichtspunkte:

Auf einen Blick

Inhaltsangaben richtig gestalten	
Sprachstil	Die Sprache sollte **sachlich** sein. Verwende ausschließlich **Standarddeutsch**.
Präsens	Schreibe im **Präsens**. Bei Vorzeitigkeit verwendest du das Perfekt.
Eigene Worte	Benutze **eigene Worte**. „Klebe" nicht an Formulierungen aus dem Text.
Zusammenhänge	Zeige **Zusammenhänge** zwischen den einzelnen Informationen auf, indem du Konjunktionen oder Adverbien einfügst.
Indirekte Rede	Verwende **indirekte Rede**, wenn du ausdrücken willst, was eine Person sagt oder denkt.
Absätze	Unterteile deinen Text in **Absätze**. Grenze Einleitung und Schluss immer vom Hauptteil ab.

Hinweis: Wenn du einen Meinungstext, also einen **Kommentar** oder eine **Glosse**, zusammenfasst, solltest du bedenken, dass der Verfasser die Leser mit dem Text von seiner Meinung überzeugen will. Verwende deshalb **indirekte Rede**, um Aussagen des Verfassers darzustellen. Dadurch drückst du aus, dass du nur die **Meinung des Verfassers** wiedergibst, keine Tatsachen.

Tipp

> Die meisten Sachtexte enthalten allgemeine Aussagen, die in anschließenden Erläuterungen genauer erklärt und durch Beispiele veranschaulicht werden. Für deine Zusammenfassung brauchst du **nur** die **allgemeinen Aussagen** und **Erläuterungen** zu berücksichtigen.

Allgemeine Aussagen, Erläuterungen und Beispiele kannst du so unterscheiden:

- **Allgemeine Aussagen** sind grundlegende Aussagen über etwas, wie z. B.:
  Die meisten Menschen lieben Geschenke.

- **Erläuterungen** erklären die allgemeinen Aussagen genauer. Sie können auch eine Begründung dafür angeben, warum die allgemeine Aussage zutrifft, wie z. B.:
  Das ist nur verständlich, denn Geschenke machen den, der sie bekommt, glücklich.

- **Beispiele** beziehen sich immer auf Einzelfälle, wie:
  Fritz möchte gern einen ganzen Berg Geschenke auf einmal.

Übung 12 Kreuze an, ob es sich bei den folgenden Aussagen um allgemeine Aussagen (AA), Erläuterungen (E) oder Beispiele (B) handelt.

	AA	E	B
a) Vielen ist die Bedeutung des Klimawandels noch nicht bewusst genug.	☐	☐	☐
b) Die Prognosen der Klimaforscher überzeugen sie nicht.	☐	☐	☐
c) Ein verregneter Sommer oder kalter Winter genügt, …	☐	☐	☐
d) … und sie glauben nicht mehr an den Klimawandel.	☐	☐	☐
e) Jugendliche orientieren sich an ihren Eltern.	☐	☐	☐
f) Wenn die Eltern den Klimawandel nicht ernst nehmen, glauben sie auch nicht daran.	☐	☐	☐

Fasse den folgenden Sachtext zusammen (→ Heft).
Unterstreiche zur Vorbereitung alle allgemeinen Aussagen im Text.

Übung 13

Hier werden Sie geortet

Manchmal ist es verlockender, nach der Pausenklingel einfach auf dem Schulhof zu bleiben. Lieber noch etwas in der Sonne liegen als zurück in den dunklen Klassenraum. In Texas können sich Schulschwänzer bald nicht mehr vor ihren Lehrern verstecken: Denn durch eine Art Peilsender können die künftig prinzipiell[1] jeden Schüler aufspüren – vorausgesetzt, er befindet sich auf dem Schulgelände.

Mit diesem Pilotprojekt[2] sorgt ein Schulbezirk in San Antonio[3] derzeit für Aufruhr: Rund 6 290 Schüler von zwei verschiedenen Schulen sollen im nächsten Jahr einen neuen Schulausweis bekommen. Umgerechnet rund zwölf Euro müssen die Schüler dafür zahlen; wer seinen Ausweis verliert, muss einen neuen kaufen. Das Besondere daran: In ihm ist ein Chip verborgen, durch elektromagnetische Wellen lassen sich Schüler dann orten, und es lässt sich so feststellen, wenn sich Schüler in einen Schulbus setzen. „Wir wollen die Möglichkeiten der Technik nutzen, um Schulen sicherer zu machen", sagte der Sprecher des Bezirks, Pascual Gonzalez, der örtlichen Zeitung San Antonio Express-News. „Eltern erwarten von uns, dass wir immer wissen, wo ihre Kinder sind, und diese Technik wird uns dabei helfen."

Aber das ist nicht die alleinige Motivation[4] für die Peilsender: Denn der Bezirk möchte so Geld verdienen. Zwar wird er zunächst rund 420 000 Euro in die neue Technik investieren[5] müssen, danach rechnet er jährlich mit laufenden Kosten von rund 110 000 Euro. Auf der anderen Seite hofft der Bezirk auf etwa 1,4 Millionen Euro Einnahmen. Denn die Finanzierung der Schule ist zum Teil an die Anwesenheit der Schüler gekoppelt: Je weniger Schulschwänzer, desto mehr Geld vom Staat. Durch den Chip will die Schule auch besser kontrollieren, wer tatsächlich den ganzen Tag fehlt oder wer sich nur verspätet hat. Und manch einer sitzt zwar nicht im Klassenraum – aber nicht, weil er schwänzt, sondern weil der Direktor ihn zu sich zitiert hat oder weil er sich gerade von der Krankenschwester behandeln lässt. Auch das ließe sich herausfinden. Die Anwesenheitsliste wäre so weniger lückenhaft – hofft der Bezirk.

Datenschützer zeigen sich wenig begeistert von diesem Plan: Die amerikanische Bürgerrechtsunion (ACLU) hat schon vor einigen Jahren an einer anderen Schule in Kalifornien erfolgreich gegen derartige Pläne gekämpft, berichtet San Antonio Express-News. Kirsten Bokenkamp, ACLU-Sprecherin in Texas, sorgt sich um die Privatsphäre der Schüler. Auch könnten Kinder leichter gekidnappt werden, wenn sich jemand ins System einhackt.

Mitglieder der Schulbehörde zeigen sich ebenfalls skeptisch[6]: „Ich denke, wir überschreiten unsere Grenze, und es ist unangemessen", sagte M'Lissa M. Chumbley. „Ehrlich gesagt behagt mir das nicht." Zwar begrüßen einige Eltern durchaus die Pläne, sie hoffen, dass sie sich so weniger um die Sicherheit ihrer Kinder sorgen müssen. Eine andere Mutter sagte allerdings: „Ich würde mir wünschen, dass Lehrer Schüler motivieren, auf ihren Plätzen zu sitzen, und dass nicht der Bezirk so etwas tun muss."

Quelle: http://www.spiegel.de/schulspiegel/ausland/schulen-in-texas-usa-wollen-schueler-mit-mikrochips-ueberwachen-a-836250.html, 31.05.2012, aus didaktischen Gründen stellenweise gekürzt und leicht geändert.

1 *prinzipiell: grundsätzlich*

2 *Pilotprojekt: ein Projekt, das in dieser Form das erste Mal durchgeführt wird*

3 *San Antonio: Ort in Texas, USA*

4 *Motivation: hier: Begründung*

6 *skeptisch: kritisch*

5 *investieren: Geld für etwas ausgeben*

5.2 Einen informierenden Text verfassen

Mit einem informierenden Text **vermittelt** der Verfasser dem Leser **Kenntnisse** zu einem bestimmten Thema. Wenn du also einen informierenden Text schreiben willst, solltest du dir zunächst genügend **Wissen über das Thema** aneignen. Für deinen Text musst du dann die entscheidenden **Informationen auswählen**, sie geschickt **anordnen** und verständlich **darstellen**.
In der Prüfung bekommst du das Informationsmaterial fertig vorgelegt. Es besteht in der Regel aus vier bis sechs Texten, die du **sichten** und **auswerten** musst.

Folgendes solltest du beim Verfassen eines informierenden Textes beachten:

▶ Schreibe **sachlich** und **neutral** – wie bei einem Bericht. Persönliche Wertungen und Kommentare äußerst du nicht. (Ausnahme: Im Schluss deines Textes kannst du kurz auf deine eigene Meinung zum Thema eingehen.)

▶ Achte darauf, **eigene Worte** zu verwenden. Umgangssprachliche Ausdrücke solltest du aber vermeiden. Schreibe möglichst immer in der **Standardsprache**.

▶ Schreibe im **Präsens**.

Schritt für Schritt

Vor dem Schreiben eines informierenden Textes

Arbeitsschritt **1**   **Die Aufgabenstellung durchdenken:** *Wer soll der Schreiber des Textes sein? An wen richtet sich dein Text? Welches Ziel verfolgst du mit deinem Text?*

Arbeitsschritt **2**   **Materialien sichten:** Lies alle Materialien, die dir vorliegen, einmal **zügig** durch. Überlege dabei, welcher **Aspekt** in jedem **Text** im **Vordergrund** steht:
Um was geht es in diesem Text?
Was verrät die Überschrift über den Inhalt?
Am besten notierst du nach der Lektüre jedes Textes sofort neben der Überschrift, worum es hier im Besonderen geht.

Arbeitsschritt **3**   **Materialien auswerten:** Lies alle Texte noch einmal **sorgfältig** durch. Während des Lesens markierst du alle Textstellen, die dir **in Bezug auf die Aufgabenstellungen** wesentlich erscheinen. Ergänze jeweils am Rand passende **Stichworte**, damit du später weißt, wo du bestimmte Informationen findest.

Arbeitsschritt **4**   **Schreibplan erstellen:** Ordne deine Randnotizen in einem Schreibplan.

> In der Prüfung musst du **alle** dir vorliegenden Texte für deinen Aufsatz verwenden. Das heißt aber nicht, dass du alle Texte gleichermaßen berücksichtigen musst. Entscheide, **welche Texte du gründlicher auswerten willst** und welche du eher am Rand verwendest.

Auf einen Blick

Aufbau von informierenden Texten	
Einleitung	Stelle das **Thema** vor: *Um was geht es? Worüber willst du informieren?*
Hauptteil	Im **Hauptteil** gehst du auf Einzelheiten ein. In der Prüfung werden dir in der Regel **mehrere Teilaufgaben** gestellt, die du bearbeiten sollst.
Schluss	Am **Schluss** formulierst du ein Ergebnis. Dieses kann darin bestehen, dass du deinen Lesern einen **Ratschlag erteilst** oder an sie **appellierst**. Wie du deinen Text beendest, hängt von deinem Ziel ab und davon, an wen du schreibst.

Schreibkompetenz | 39

Übung 14

An eurer Schule gibt es immer wieder Klagen über den schlechten Zustand der Toiletten. Ihr wollt euch nicht damit abfinden und habt deshalb eine Arbeitsgruppe zur **Verbesserung der Schultoiletten** gegründet.

Als Schulsprecher hast du die Aufgabe übernommen, deine Mitschüler und auch die Lehrer in einem **Artikel für die Schülerzeitung** darüber zu informieren. Zeige auf, wie groß das Problem im Allgemeinen ist, welche Lösungswege an anderen Schulen beschritten werden und ob diese zu einer Verbesserung der Situation geführt haben. Auf dieser Grundlage soll entschieden werden, wie ihr an eurer Schule vorgeht, um den Zustand der Toiletten zu verbessern.

Berücksichtige folgende Gesichtspunkte:

▸ Formuliere eine **Einleitung**, in der du das Problem mit den Schultoiletten darstellst.

▸ Informiere über **Maßnahmen**, die **an anderen Schulen** ergriffen worden sind, um für eine Verbesserung der Zustände zu sorgen.

▸ Äußere dich zu den **Erfahrungen**, die man an anderen Schulen mit den Maßnahmen gemacht hat. Haben sie zu einer Verbesserung geführt?

▸ Schlussfolgere anhand der Materialien und eigener Überlegungen, worauf ihr **an eurer Schule** achten solltet, um **geeignete Maßnahmen** in die Wege zu leiten.

▸ Notiere unterhalb deines Textes die von dir genutzten **Quellen**.

Text A: Es stinkt zum Himmel

1 Auf dem Boden schwimmt aufgeweichtes Papier in einer Pfütze. Die verstopfte Schüssel gluckert in den letzten Zügen. Es gibt keine Klobrillen. Schwarze Klebe-
5 streifen auf dem Rand sollen zum Hinsetzen einladen. „Abflüsse werden mit Papier verstopft, Wände bekritzelt und manchmal sogar mit Exkrementen[1] beschmiert", klagt der Geschäftsführer einer
10 Münchner Reinigungsfirma. Selbst seinem abgebrühten Putzpersonal drehe es angesichts dieser „himmelschreienden Zustände" auf deutschen Schultoiletten manchmal den Magen um.
15 Eine Umfrage unter Elternbeiräten an 1 235 Schulen ergab, dass die Sauberkeit an fast jeder fünften Schule als mangelhaft empfunden wird. In mindestens jeder dritten Schule gibt es kein Klopapier,
20 keine Seife oder Handtücher.

Verwahrlost, defekt, mutwillig zerstört – und das in einem Land, das Sauberkeit und Ordnung seit jeher zu seinen nationalen Grundtugenden zählt. Wie ist
25 das möglich? „Toilettenhygiene[2] ist in Deutschland ein Tabuthema, das zu Hause und in der Schule eher selten angesprochen wird", meint Jürgen Gebel vom Institut für Hygiene und Öffentliche
30 Gesundheit an der Universität Bonn. Er fordert, das Thema Hygiene in die Lehrpläne zu integrieren[3] und bereits im Kindergarten das richtige Spülen, die Verwendung von Toilettenpapier und das
35 Händewaschen zu üben. „Richtiges Hygieneverhalten ist dem Menschen nicht angeboren", sagt er, und offenbar sehen es nicht alle Eltern als ihre Aufgabe an, es ihren Kindern selbst beizubringen.

1 Exkremente: Ausscheidungen

2 Hygiene: Sauberkeit

3 integrieren: aufnehmen

Quelle: Kathrin Schwarze-Reiter: Es stinkt zum Himmel, 01.05.2008. Im Internet unter: http://www.focus.de/schule/heft/tid-10180/schultoiletten-es-stinkt-zum-himmel_aid_299129.html, aus didaktischen Gründen stellenweise gekürzt und leicht geändert.

Text B: Kinder müssen eigenes Klopapier mitbringen

¹ Neben dem Pausenbrot werden fürsorgliche Mütter einiger Wittenberger Grundschüler ihren Kindern künftig auch eine Rolle Toilettenpapier in den Schulranzen ⁵ stecken. An einer Grundschule in einem Ortsteil der Stadt in Sachsen-Anhalt müssen die Schüler dieses vorerst selbst mitbringen.

Mit der Maßnahme will die Schulleiterin Gabriele Köhler auf anhaltenden Vandalismus[1] in den Schultoiletten reagieren. Immer wieder hätten Schüler die Kloschüsseln mit Toilettenpapier verstopft. Belehrungen und Diskussionen ¹⁵ halfen nichts. Auch verschließbare Behälter für das Papier hätten keine Besserung gebracht. „Das Problem zieht sich schon über Jahre hinweg", zitiert die Zeitung die Schulleiterin.

²⁰ Nachdem die Verwüstung am vergangenen Mittwoch besonders groß gewesen sei, habe sie am nächsten Tag die Eltern darüber informiert, dass die Schüler in Zukunft ihr Toilettenpapier selbst mit- ²⁵ zubringen hätten. „Es geht darum, dass die Schüler lernen, Konsequenzen zu tragen", sagt Gabriele Köhler, stellt aber klar, dass die Maßnahme befristet sei und Lehrer für Notfälle Papier bereithielten.

³⁰ Mit dem Problem verwüsteter Schultoiletten steht die Grundschule in Wittenberg nicht alleine da. Verschmutzte und beschädigte Toiletten sorgen immer wieder für Ärger, bei Schulleitern ebenso ³⁵ wie bei Eltern und Schülern. Der Streit um die Sauberkeit der sanitären Anlagen[2] bringt dabei teils kuriose[3] Lösungsansätze hervor.

In Bielefeld etwa setzte sich der För- ⁴⁰ derverein der Martin-Niemöller-Gesamtschule für Bezahltoiletten ein: Seit 2004 können Schüler dort neben den normalen Klos nun auch gegen Geld auf die Toilette gehen. An der Gesamtschule in Rheine ⁴⁵ zahlen die Eltern für den Betrieb der renovierten Toilette 15 Euro im Jahr – davon werden zwei Reinigungskräfte bezahlt.

[1] Vandalismus: mutwillige Zerstörung
[2] sanitäre Anlagen: Toiletten und Waschbecken
[3] kurios: lustig, merkwürdig

Quelle: Spiegel, 20.09.2011. Im Internet unter: http://www.spiegel.de/schulspiegel/wissen/0,1518,787282,00.html, aus didaktischen Gründen stellenweise gekürzt und leicht geändert.

Text C: Schülerumfrage zum Thema Klokritzeleien

¹ Wie sehen Schüler ihre eigenen Toiletten? Stören sie die Kritzeleien an den Wänden? Wer schreibt an die Wände und welche Themen werden angesprochen?

⁵ Um dies herauszufinden, wurde eine Umfrage an Realschulen in Duisburg durchgeführt.

Von den Teilnehmenden hat schon circa die Hälfte mindestens einmal an die ¹⁰ Toilettenwände geschrieben. Die Anzahl, wie oft die Schüler dies tun, variiert[1] dabei stark, meist weniger als fünfmal.

Häufiger als gemalt wird geschrieben. Meist handelt es sich um Sprüche, die an ¹⁵ die Wände geschrieben werden. In Mädchentoiletten auch vermehrt Antworten auf gestellte Fragen. Aber auch Namenskürzel oder „Logos" werden von den Schülern erdacht und erscheinen auf den ²⁰ Wänden.

Dabei möchten die Jugendlichen ihre Toiletten nicht zerstören und sehen dies auch meist nicht als Zerstörung an, sondern wollen sich mitteilen. Die Kritzeleien ²⁵ entstehen ohne Hintergrund, einfach in dem Augenblick, und es steht für die Jugendlichen die Kommunikation im Vordergrund.

Über die Hälfte der teilnehmenden ³⁰ Schüler finden beschriebene Toilettenwände nicht gut. Was darauf beruht, dass durch das Bemalen aller Flächen oft auch ein Gefühl von Unsauberkeit entsteht. Dabei sind aber nicht die Sprüche die ³⁵ störenden Elemente, sondern das Nicht-Vorgegebensein von Flächen, die bemalt werden können. Die oft lustigen Sprüche werden von den Schülern gemocht und geben den Toiletten eine persönliche ⁴⁰ Note, geprägt durch die Schülerschaft.

[1] variieren: abwechseln, unterscheiden

Quelle: Michael Kinza: Schülerumfrage zum Thema Klokritzeleien. http://www.schulklo.de/65.0.html, aus didaktischen Gründen stellenweise gekürzt und leicht geändert.

Text D: Klokritzeleien

Text E: Schultoiletten renovieren

Manche Kinder verbringen ganze Tage an der Schule, vermeiden aber, so lange es eben geht, den Gang zur Toilette: atemraubende Gerüche, verstopfte Abflüsse, zerbrochene Toilettenbrillen – und in jeder dritten Schule, so eine Umfrage, kein Klopapier, keine Seife, keine Handtücher. Aufgrund der Finanznot ist an vielen Schulen die regelmäßige Reinigung längst eingestellt.

Anders in der Bröndby-Oberschule in Berlin. Dort hatte die Schulrätin den desolaten[1] Zustand der immer wieder zerstörten Toiletten vor Augen geführt bekommen. Nachdem sich die Lehrerin Marianne Vossoug bereit erklärte, mit Schülern eine Renovierungsaktion zu starten, machte sich die Schulrätin im Bezirksamt erfolgreich für die Finanzierung stark.

An mehreren Wochenenden packten die Jugendlichen der achten bis elften Klassen unter Leitung der Lehrerin mit an und verwandelten sieben Toiletten in grellbunte, aber blitzsaubere „Beach-Klos" und „Rosenklos", mit lippenstiftroten Klobrillen und welchen mit Fischen und Fußbällen. Hauseigene Graffitikünstler sprühten die Jungentoiletten stilgerecht, für das „Finish" sorgten Spiegel und Grünpflanzen.

Die Einträge in den Gästebüchern sprechen eine deutliche Sprache: „Die Toilette ist ja voll süß geworden. Wehe, ihr macht sie wieder dreckig", „Das Klo ist richtig chillig. Ab jetzt muss man es sich nicht mehr verkneifen, bis man wieder zu Hause ist", „Das ist so ein hamma Schulklo!"

Für die übrigen Toiletten fehlt momentan noch das Geld, doch „der Vandalismus hat deutlich abgenommen", sagt Lehrerin Vossoug. „Und wenn etwas passiert, dann bekomme ich meistens einen Tipp, wer es war, weil die Schüler selbst nicht wollen, dass ihre Arbeit wieder zerstört wird." Dann hilft meist die sofortige Wiedergutmachung: Abwaschen, überstreichen, säubern. Das sei wirksamer als Verweise oder Anzeigen.

[1] desolat: schlecht

Quelle: http://www.geo.de/GEO/heftreihen/geo_wissen/62283.html, aus didaktischen Gründen stellenweise leicht verändert.

Fülle zur Vorbereitung den **Schreibplan** aus und verfasse dann deinen informierenden Text (→ Heft).

	Inhalte	Zugehörige Informationen	Quellen
Einleitung	Problem		
Hauptteil	Maßnahmen an anderen Schulen		
	Erfahrungen an anderen Schulen		
Schluss	Maßnahmen, die sich für deine Schule eignen würden		

Schreibkompetenz | 43

5.3 Einen argumentierenden Text schreiben: Stellungnahme und Erörterung

Ziel eines argumentierenden Textes ist es, den Leser von der **eigenen Meinung** zu einem Thema zu überzeugen. Oft möchte man ihn auch zu einer Handlung bewegen. Um dieses Ziel zu erreichen, muss man **überzeugende Argumente** anführen.

Einige Schreibaufgaben verlangen von dir, dass du dich auf **dein Erfahrungswissen** beziehst, um einen argumentierenden Text zu verfassen. Es gibt aber auch Schreibaufgaben auf der **Grundlage eines oder mehrerer Texte**. Dann musst du die Textinformationen berücksichtigen, um deine Argumentation zu entwickeln.

Bietet das Betriebspraktikum eine sinnvolle Vorbereitung auf das Berufsleben? | Beispiel
→ Argumentieren auf Grundlage deines Wissens

Argumente formulieren

Gute Argumente sind das Herzstück einer jeden Erörterung. Man unterscheidet zwischen **Pro- und Kontra-Argumenten**. Pro-Argumente unterstützen eine Meinung, während Kontra-Argumente ihr widersprechen.

Jedes Argument besteht aus einer **Behauptung (These)** und einer **Begründung**. Die Begründung ist immer dann überzeugend, wenn sie ausführlich ist und keine Fragen offen lässt. Du solltest auch versuchen, ein passendes **Beispiel** anzuführen, um deine Aussagen zu veranschaulichen. Achte außerdem darauf, dass du dich **sachlich** ausdrückst.

> **Bekräftige** am Ende eines Arguments die **These**, die du anfangs aufgestellt hast, noch einmal mit anderen Worten. Das wirkt wie ein **Fazit** und rundet das Argument ab.

Tipp

		Beispiel
Die Erfahrungen, die man im Betriebspraktikum macht, können das Selbstbewusstsein stärken.	→ Behauptung (These)	
Das kommt daher, weil man in dieser Zeit eine richtige Arbeit erledigt. Während man in der Schule hauptsächlich Übungsaufgaben bearbeitet, bekommt man in einem Betrieb eine echte Aufgabe.	→ Begründung (Teil 1)	
Wenn man sein Praktikum z. B. in einem Supermarkt ableistet, kann es sein, dass man aufgefordert wird, Regale aufzufüllen oder Kunden zu zeigen, wo sie bestimmte Produkte finden.	→ Beispiel	
Dadurch fühlt man sich ernst genommen, und man merkt, dass man für den Betrieb wichtig ist. Wer die Aufgaben, die ihm aufgetragen werden, gut erledigt, bekommt außerdem Anerkennung durch Kollegen und Vorgesetzte. **All das stärkt das Selbstbewusstsein.**	→ Fazit: Bekräftigung der These	

Formuliere ein Gegenargument zum Thema „Erfahrungen im Betriebspraktikum". Halte dich dabei an den oben beschriebenen Aufbau (→ Heft). | Übung 15

Schreibkompetenz

Stellungnahme

Wenn du eine **Stellungnahme** schreiben sollst, heißt das, dass du ausführlich und begründet **deine Meinung** zu einem Thema äußern musst. Lege dich **gleich am Anfang** auf eine **bestimmte Position** fest und gib deine Entscheidung bekannt.

Auf einen Blick

Aufbau von Stellungnahmen	
Einleitung	In der Einleitung machst du deutlich, welche **Meinung** du zu dem Thema vertrittst.
Hauptteil	Im Hauptteil führst du drei oder vier **überzeugende Argumente** an. Steigere dich dabei in der Reihenfolge. Bewahre dir dein überzeugendstes Argument für den letzten Abschnitt auf.
Schluss	Am Schluss **bekräftigst** du noch einmal deine Meinung. Achte darauf, dass du wortwörtliche Wiederholungen vermeidest. Schreibe nicht einfach eine Textstelle aus dem Hauptteil ab, sondern führe den entscheidenden Gedanken weiter.

Schritt für Schritt

Vor dem Schreiben einer Stellungnahme

Arbeitsschritt **1** **Thema durchdenken:** Als Erstes musst du überlegen, zu welchem Thema du Stellung nehmen sollst. Schließlich muss dir klar sein, worum es überhaupt geht, wenn du **überzeugend** argumentieren willst.

Arbeitsschritt **2** **Argumente sammeln:** Denke darüber nach, was für Argumente dir zum Thema in den Sinn kommen. Halte deine Einfälle stichwortartig auf einem Extrablatt fest. Deine Notizen können ganz **ungeordnet** sein.

Arbeitsschritt **3** **Argumente ordnen:** Lege eine **Pro- und Kontra-Tabelle** an und trage alle Argumente in die entsprechende Spalte ein.

Arbeitsschritt **4** **Argumente auswählen:** Sieh dir deine Argumente an und entscheide dich dafür, welche du überzeugender findest. Bestimme daraufhin deine **Position**.

Arbeitsschritt **5** **Schreibplan erstellen:** Trage deine Argumente in der passenden **Reihenfolge** in deinen Schreibplan ein.

Übung 16

Eure Klasse hat im Ethikunterricht das Thema „Armut in der Dritten Welt" behandelt. Daraufhin ist bei euch der Wunsch entstanden, am Aktionstag für Afrika teilzunehmen. Das würde bedeuten, dass alle Schüler eurer Schule einen Tag lang nicht zum Unterricht gehen, sondern stattdessen in einem Betrieb arbeiten oder Schulaktionen veranstalten. Das Geld, das ihr dabei verdient, geht dann als Spende nach Afrika. Eure Schulleiterin hat allerdings noch Bedenken. Als Klassensprecher hast du die Aufgabe übernommen, deine Schulleiterin umzustimmen. Du schreibst ihr einen Brief, in dem du sie davon überzeugen willst, dass es gut wäre, wenn sich eure Schule an dem Aktionstag beteiligen würde.

Tipp

> Besonders geschickt ist es, wenn du in deiner Stellungnahme auch ein wichtiges **Gegenargument** anführst und es **entkräftest**, z. B.: *Es stimmt zwar, dass … Aber …*
> So wirkt deine Argumentation besonders überzeugend.

Schreibkompetenz | 45

Für deinen Brief habt ihr schon vorgearbeitet und gemeinsam stichpunktartig mögliche Pro- und Kontra-Argumente notiert.

Hinweis: Nicht alle Stichpunkte aus der Liste kann man zu tragfähigen Argumenten ausbauen. Klammere sie am besten ein.

1. Einsatz für die Ärmsten der Welt: sinnvolle Tätigkeit
2. Unterrichtsausfall bei Lehrern eher unerwünscht
3. Verknüpfung von Unterrichtsinhalten mit einer praktischen Tätigkeit
4. Problembewusstsein wecken, auch bei den beteiligten Firmen
5. Mögliches Organisationsproblem
6. Teilnahmebereitschaft aller Schüler eventuell nicht gesichert
7. Gut für das Image der Schule
8. Eventuell schwierig, genügend Jobs zu finden
9. Unterstützung der Eltern erforderlich
10. Erfahrungen in Form einer Ausstellung dokumentieren
11. Hilfsbereitschaft der Schüler aufgreifen und stärken
12. Schüler werden stolz auf ihre Leistung sein

Aufgaben

1. Prüfe die Stichpunkte aus der oben stehenden Liste. Wähle **drei** aus, die du als Grundlage für deine Argumentation am überzeugendsten findest. Trage die Nummern in die linke Spalte ein und begründe daneben deine Auswahl.

Stichpunkt	Begründung für deine Auswahl
Nr.	
Nr.	
Nr.	

2. In deinem Brief möchtest du das wichtigste **Gegenargument** zurückweisen. Wähle dazu einen Stichpunkt aus und markiere ihn rot.

3. Verfasse nun auf Grundlage deiner Vorarbeiten den **Brief**. Gehe dabei so vor:
   ▶ Formuliere eine **Einleitung**, in der du den Grund für deinen Brief nennst und die Meinung der Klasse deutlich machst.
   ▶ Begründe diese Meinung, indem du die Stichpunkte, die du aus der Liste ausgewählt hast, zu **Argumenten** ausformulierst. Stelle dazu aussagekräftige Thesen auf, die du näher erläuterst und durch Beispiele veranschaulichst. Anschließend entkräftest du das wichtigste **Gegenargument**.
   ▶ Formuliere einen **Schluss**, in dem du noch einmal bei der Schulleiterin für den Aktionstag für Afrika wirbst und sie um Unterstützung bittest.

Erörterung

Anders als in einer Stellungnahme kannst du in einer Erörterung nicht sofort bekannt geben, welche Position du zu einem Thema vertrittst, sondern du musst dem Leser deutlich **zeigen, wie du zu deiner Ansicht gelangt bist**.

Stelle dir vor, dass du in deinem Inneren mit dir selbst diskutierst. Das bedeutet: Formuliere zu einer Fragestellung **Pro- und Kontra-Argumente** und wäge sie gegeneinander ab, um am Ende zu einem überzeugenden **Ergebnis** zu gelangen.

Auf einen Blick

Aufbau von Erörterungen	
Einleitung	Versuche **geschickt zum Thema hinzuführen**, damit klar wird, warum es sich lohnt, sich mit dieser Frage zu befassen und deinen Text zu lesen.
Hauptteil	Im **Hauptteil** führst du deine Argumente aus. Am besten gestaltest du deinen Hauptteil zweiteilig nach dem Schema einer **Sanduhr**: • Im ersten Teil führst du zwei bis drei **Argumente der Gegenseite** aus, indem du als Erstes deren wichtigstes Argument anführst, dann ein unwichtigeres und schließlich das unwichtigste. Achte auf treffende Überleitungen zwischen den Argumenten, z. B.: *Hinzu kommt, dass …* *Außerdem sollte man berücksichtigen, dass …* • Im zweiten Teil bringst du zwei bis drei **Argumente deiner Seite**, also der Seite, die du vertreten willst. Beginne mit einem relativ unwichtigen Argument und steigere dich dann bis zum wichtigsten. Das erste Argument deiner Seite kannst du z. B. so einleiten: *Aber … Allerdings … Andererseits …*
Schluss	Am **Schluss** formulierst du dein **Ergebnis**. Es ist gut, wenn du an dieser Stelle noch einmal auf das entscheidende Argument verweist, das dich dazu gebracht hat, deinen Standpunkt einzunehmen, z. B.: *Ich bin vor allem deshalb zu dieser Auffassung gelangt, weil …* *Besonders überzeugend finde ich, dass …* Achte darauf, dass du wortwörtliche Wiederholungen vermeidest. Schreibe nicht einfach eine Textstelle aus dem Hauptteil noch einmal ab, sondern greife den entscheidenden Gedanken heraus und führe ihn weiter.

Sanduhr-Schema

Argumente der Gegenseite
wichtigstes Argument
weniger wichtiges
unwichtigstes
Wende
unwichtigstes
etwas wichtigeres
wichtigstes Argument
Argumente deiner Seite

Tipp

Gegenargumente zu finden ist gar nicht so einfach, wenn du zu einem Thema schon eine **feste Meinung** hast. Frage dich dann einfach: *Was würde eine Person sagen, die eine andere Meinung hat, um mich zu überzeugen?*

Schreibkompetenz | 47

Vor dem Schreiben einer Erörterung

Arbeitsschritt **1** **Thema verstehen:** Überlege dir Antworten zu folgenden Fragen: *Was genau ist das Thema deiner Erörterung? Welche Meinungen könnte es dazu geben?*

Arbeitsschritt **2** **Argumente sammeln:** Denke darüber nach, was für Argumente dir dazu in den Sinn kommen, und notiere sie, **wie sie dir gerade einfallen**, auf einem Extrablatt.

Arbeitsschritt **3** **Argumente ordnen:** Markiere Pro-Argumente mit einem **+** und Kontra-Argumente mit einem **–**. Ordne dann deine Argumente, indem du sie in eine Tabelle, ein Cluster oder eine Mindmap einträgst.

Arbeitsschritt **4** **Schreibplan erstellen:** Überlege, **welche Position** du einnehmen willst, und erstelle deinen Schreibplan entsprechend.

Schritt für Schritt

> Eine **Mindmap** ist besonders gut geeignet, um **Ordnung in deine Argumente** zu bringen. Schreibe in die Mitte das Thema. Trage dann auf der einen Seite die Pro-Argumente und auf der anderen die Kontra-Argumente ein. Im nächsten Schritt vervollständigst du deine Notizen zu den Argumenten, d. h., du ergänzt jeweils These, Begründung oder Beispiel – je nachdem, was fehlt.

Tipp

In den USA können Jugendliche schon mit 16 Jahren den Führerschein erwerben. Überlege, ob die Regelung in den USA ein Vorbild für Deutschland sein könnte. Führe alle vorbereitenden Arbeiten aus, um später eine Erörterung zum Thema *Führerschein mit 16 – eine gute Idee?* zu schreiben:

Übung 17

1. **Argumente sammeln:** Was fällt dir zum Thema ein? (→ Heft)

2. **Argumente ordnen**
   a) Kennzeichne deine Einfälle mit **+**, wenn sie für die Einführung des Führerscheins mit 16 sprechen, und mit **–**, wenn sie dagegen sprechen. Ideen, die du bei genauerer Betrachtung wenig überzeugend findest, klammerst du ein.
   b) Vervollständige die angefangene Mindmap auf einem Extrablatt.

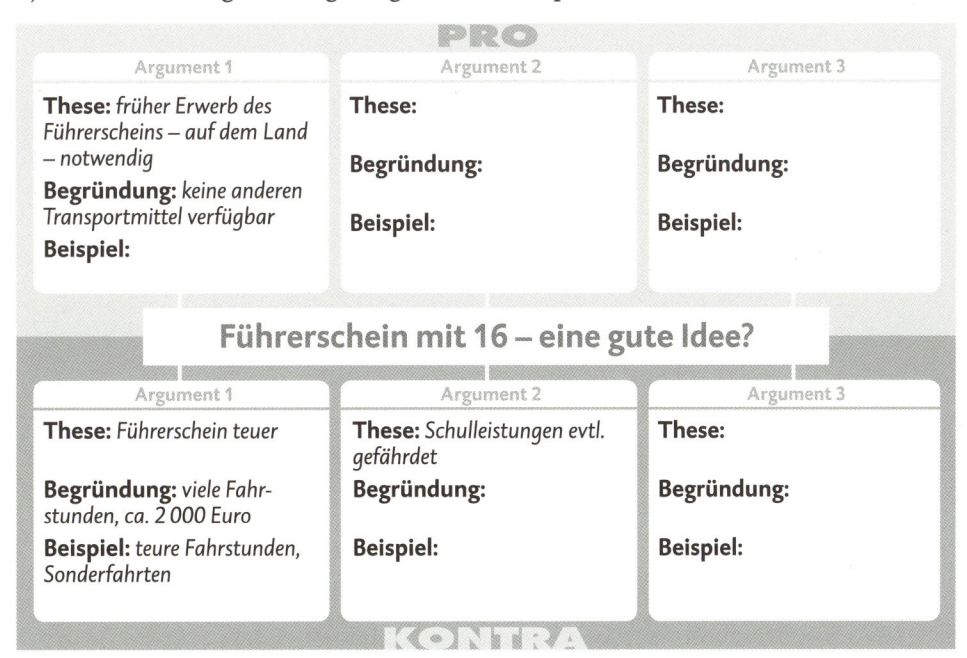

PRO

Argument 1	Argument 2	Argument 3
These: *früher Erwerb des Führerscheins – auf dem Land – notwendig*	**These:**	**These:**
Begründung: *keine anderen Transportmittel verfügbar*	**Begründung:**	**Begründung:**
Beispiel:	**Beispiel:**	**Beispiel:**

Führerschein mit 16 – eine gute Idee?

Argument 1	Argument 2	Argument 3
These: *Führerschein teuer*	**These:** *Schulleistungen evtl. gefährdet*	**These:**
Begründung: *viele Fahrstunden, ca. 2 000 Euro*	**Begründung:**	**Begründung:**
Beispiel: *teure Fahrstunden, Sonderfahrten*	**Beispiel:**	**Beispiel:**

KONTRA

Schreibkompetenz

3. **Schreibplan erstellen:** Entscheide dich für eine Position und ordne deine Argumente im Hauptteil entsprechend dem Sanduhrschema an.

Einleitung

Hinführung zum Thema:
_____
_____
_____
_____

Hauptteil – Gegenseite

wichtigstes Argument: _____
_____

weniger wichtiges Argument: _____
_____

unwichtigstes Argument: _____
_____
_____

Hauptteil – eigene Seite

unwichtigstes Argument: _____
_____
_____

etwas wichtigeres Argument: _____
_____
_____

wichtigstes Argument: _____
_____
_____

Schluss

Fazit – deine Meinung als Ergebnis der Argumentation:
_____
_____
_____

4. Schreibe eine Erörterung zum Thema *Führerschein mit 16 – eine gute Idee?* (→ Heft). Orientiere dich beim Schreiben an deinem Schreibplan.

6 Einen Text überzeugend gestalten

6.1 Geschickt formulieren

Um einen guten Text zu schreiben, genügt es nicht, dass du etwas Interessantes zu sagen hast. Du musst deine Informationen auch abwechslungsreich und interessant „verpacken", sodass der **Leser** sich **durch die Darstellung angesprochen** fühlt.

Auf einen Blick

Texte gut formulieren	
Treffende Wörter	**Vermeide allgemeine Wörter** wie *machen, sagen* oder *tun*. Schreibe z. B. nicht: *Er sagte: „Lauf schnell weg!"* Besser ist: *Er rief/schrie/brüllte/flüsterte/raunte etc.: „Lauf schnell weg!"*
Übersichtliche Satzkonstruktionen	Schreibe **keine unübersichtlichen „Bandwurmsätze"**, sondern benutze Satzgefüge, die nur aus einem Haupt- und einem Nebensatz bestehen, wie z. B.: *Theo schaute zum Fenster hinaus, bevor er das Haus verließ. Er traf sich heute mit seinem Bruder, der aus Brasilien angereist war. Sie hatten sich im Zoocafé verabredet, das gleich um die Ecke lag. Wenn sein Bruder so plötzlich auftauchte, bedeutete das nichts Gutes.*
Informationen richtig platzieren	Platziere wichtige Informationen an einer herausragenden Stelle, z. B. am **Anfang oder Ende eines Absatzes**.
Abwechslungsreiche Satzanfänge	Versuche, **unterschiedliche Satzanfänge** zu formulieren. Beginne z. B. nicht immer mit dem Subjekt; vermeide Formulierungen wie *Und dann ... Und dann ...*
Passende Konjunktionen	Wähle zum Verknüpfen von Sätzen treffende Konjunktionen und Adverbien, die die **Zusammenhänge verdeutlichen**. Hier einige Beispiele: • Begründung: *weil, da, denn* • Bedingung: *wenn, falls* • Gegensatz: *aber, doch, obwohl*
Angemessener Sprachstil	**Vermeide umgangssprachliche Ausdrücke** in Textsorten, die man in der Standardsprache schreibt. Schreibe also z. B. nicht *Hallo Herr Meier*, wenn es sich um deinen Schuldirektor handelt, sondern *Sehr geehrter Herr Meier*.
Wiederholungen vermeiden	Achte darauf, einzelne Wörter nicht unnötig zu wiederholen. Ersetze sie durch **passende Pronomen** oder **andere Wörter mit gleicher Bedeutung (Synonyme)**, z. B. so: *Anna und Georgia haben Kuchen gebacken. Sie/die beiden Mädchen wollen damit ihre Klassenkameraden überraschen.*
Anschauliche Beispiele	**Veranschauliche deine grundlegenden Aussagen** durch interessante Beispiele, z. B.: *Pia ist die Sportlichste in der Klasse. Sie läuft nicht nur schneller als alle anderen Mädchen, sondern schlägt auch die meisten Jungen im Wettrennen.*

Hinweis: Verleihe deinem Text **auch äußerlich eine ansprechende Form**, indem du darauf achtest, dass deine **Schrift** sauber und gut zu lesen ist.

Übung 18   Der folgende Text ist ein Brief, den ein Schüler an seinen Schulleiter geschrieben hat. Wie du schnell merken wirst, hat er des Öfteren gegen die Tipps zum geschickten Formulieren verstoßen. Überarbeite den Brief. Gehe dabei so vor:

▸ Unterstreiche zunächst alle Textstellen, die ungeschickt formuliert sind.

▸ Schreibe den Text ab und korrigiere dabei die Formulierungsschwächen (→ Heft).

Hinweis: Du kannst einige Sätze auch ganz neu bilden. Fehler in der Rechtschreibung und Zeichensetzung sind bereits korrigiert.

Hallo Herr Wolf,
Sie haben bestimmt schon gepeilt, dass wir Schüler das Mensaessen zum Kotzen finden. Das Mensaessen ist zwar billig, aber der Geschmack ist unter aller Sau. Wahrscheinlich will der Lieferant richtig Kohle mit uns machen, indem er uns irgendeinen schrecklichen Fraß vorsetzt, der ihn nicht viel kostet. Ehrlich gesagt: Wir haben die Nase gestrichen voll von diesem Essen, das offenbar in erster Linie den Interessen des Unternehmers dient, weil er denkt, dass er durch die Einnahmen, die er durch uns macht, richtig Knete macht. Wir haben deshalb einen Vorschlag, wie man die Verpflegung der Schüler verbessern kann: Sie sollten den Caterer rausschmeißen, und wir kochen künftig selbst. Die Eltern haben uns schon ihre Unterstützung zugesagt.

6.2 Sich auf Textstellen beziehen

Bei der Arbeit mit Texten musst du deine Aussagen immer wieder anhand von **aussagekräftigen Textstellen** belegen.

Auf einen Blick

Aussagen anhand von Textstellen belegen	
Zitate richtig kennzeichnen	Es gibt zwei Möglichkeiten, wie du dich auf Textstellen beziehen kannst: • Entweder gibst du die Textstelle **mit eigenen Worten** wieder. Dann fügst du anschließend die Zeilenangabe „**(vgl. Z. xy)**" hinzu, damit der Leser diese Textstelle schnell findet. • Oder du schreibst die passende Textstelle **wortwörtlich** aus dem Text heraus. Setze dein Zitat in **Anführungszeichen** und füge die jeweilige Zeilenangabe „**(Z. xy)**" hinzu.
Sinn erläutern	Eine Textstelle nur zu zitieren genügt nicht. Du musst auch deutlich machen, … • **was** man an der Textstelle **erkennen** kann, z. B. über einen bestimmten Sachverhalt. • **warum** die zitierte Textstelle **eine Aussage**, die du zum Text gemacht hast, **unterstützt**.
Zitat mit eigenem Text verknüpfen	**Verknüpfe** das Zitat mit deinem Text. Führe mit eigenen Worten zum Zitat hin, z. B. durch eine deutende Aussage: *Dass der Autor in Wirklichkeit etwas ganz anderes meint, als der Leser zunächst annimmt, wird an folgender Stelle deutlich: „xxx …" (Z. …).* Mit diesen Worten kannst du die Erläuterung nach dem Zitat beginnen: • Das zeigt, dass … • Wenn …, dann … • Daran kann man erkennen, dass … • Hier wird deutlich, dass …

7 Richtig schreiben

Wenn du einen Text schreibst, darfst du nicht nur darauf achten, **was** du schreibst, sondern auch darauf, **wie** du es schreibst. Denn die korrekte **Rechtschreibung** und **Zeichensetzung** spielen eine wichtige Rolle. Ein Text, der richtig geschrieben ist, macht nicht nur einen **besseren Eindruck**, sondern **erleichtert** auch das **Lesen**. Denke also daran, deine Texte abschließend noch einmal auf **Fehler** zu untersuchen und diese zu berichtigen.

> **Lies** den Text **in Gedanken laut**. Sprich die Wörter dabei möglichst **deutlich** aus. So fallen dir Fehler in der Rechtschreibung eher auf und du vermeidest unnötige Flüchtigkeitsfehler.

Tipp

7.1 Groß- und Kleinschreibung

Grundsätzlich schreibt man die **meisten Wörter klein**.
Folgendes schreibt man jedoch **groß**:

- **Satzanfänge**

  Lachend lief sie davon.

  Beispiel

- **Eigennamen**

  Sanna, Dresden, Frankreich, Rhein

  Beispiele

- **Höfliche Anredepronomen**

  Ich freue mich, Ihnen heute mitteilen zu dürfen …

  Beispiel

- **Das erste Wort einer Überschrift**

  Das gilt auch dann, wenn du die Überschrift eines Textes zitierst.

  In dem Roman „Kein Ort. Nirgends" geht es um …

  Beispiel

- **Nomen**

  Tuch, Busbahnhof, Fahrrad

  Beispiele

- **Nominalisierte Wörter**

  Das sind „unechte" Nomen. Verben und Adjektive können beispielsweise zu Nomen werden, wenn sie **in einem Satz** als Nomen verwendet werden. Nominalisierungen erkennst du daran, dass sie von einem typischen **Signalwort** für Nomen begleitet werden oder begleitet werden können.

  Ohne dein Lachen hätte der Lehrer uns gar nicht bemerkt.
  Im Märchen siegt immer das Gute über das Böse.

  Beispiele

Nomen und nominalisierte Wörter sind nicht immer leicht zu erkennen. Es gibt aber bestimmte Merkmale, an denen du sie erkennen kannst:

▶ **Typische Endungen für Nomen**
Ein Wort, das z. B. eine der folgenden Endungen hat, ist immer ein Nomen:
-heit, -keit, -nis, -ung, -schaft, -tum, -ion, -ling

Beispiele: *Schönheit, Übelkeit, Wagnis, Haltung, Gesellschaft, Brauchtum, Stadion, Lehrling*

Übung 19: Kreise in der folgenden Liste alle Wörter ein, bei denen aufgrund der Endung sofort klar ist, dass es sich um ein Nomen handelt.
FEIGLING, NOTWENDIG, BEDENKLICH, EIGENSCHAFT, KENNTNIS, MÖGLICH, VERWANDLUNG, BEKANNTSCHAFT, VERHÄLTNIS, SELTSAM, HALTUNG, NEUHEIT, STÜRMISCH, HARTNÄCKIG, FEIGHEIT, EREIGNIS, HALTBAR, AKTION, KLARHEIT, SORGLOS, HEITERKEIT, RECHTHABERISCH, EIGENTUM, UNGENAU, REINHEIT, ALTERTUM, SPANNEND

▶ **Signalwörter für Nomen und nominalisierte Wörter**
Nicht jedes Nomen hat eine typische Nomenendung. Solche Nomen kannst du, genauso wie nominalisierte Wörter, an vorangestellten Signalwörtern erkennen:

Auf einen Blick

Signalwörter für Nomen und nominalisierte Wörter	
Artikel	der, die, das, ein, eine
Pronomen	dieser, diese, dieses, jener, jene, jenes, mein, dein, sein, ihr, euer ...
Mengenangaben	viel, wenig, etwas, alles, kein ...
beschreibende Adjektive	Diese Adjektive beschreiben ein Nomen genauer. Sie sind gebeugt. Er hörte laut<u>es</u> Weinen. (Aber: Er hörte sie laut <u>weinen</u>.)
Präpositionen	bei, ohne, mit, auf, in, an, über ...

Hinweis: Adjektive können einerseits Signalwörter sein, andererseits können sie auch als nominalisierte Wörter verwendet werden. Halte deshalb immer in erster Linie nach einem **Artikel** Ausschau und streiche in Gedanken alle Wörter durch, die danach folgen und auf die man verzichten könnte.

Beispiel: *Sie hatte <u>ein</u> ~~auffallend helles, fröhliches und vor allem herzliches~~ <u>Lachen</u>.*

▶ **Artikelprobe**
Nicht immer ist einem Nomen/nominalisierten Wort ein typisches Signalwort vorangestellt. Dann kannst du die Artikelprobe machen: Stelle probeweise einen **passenden Artikel oder ein anderes Signalwort** vor das Wort, das ein Nomen/nominalisiertes Wort sein könnte. Klingt der Satz dann noch sinnvoll, lagst du mit deiner Vermutung richtig und du musst das Wort großschreiben.

Beispiel: *Luise liebt t/Tanzen.*
Artikelprobe: *Luise liebt <u>das</u> Tanzen.*
→ *Tanzen* wird hier als Nomen verwendet.

Um zu überprüfen, ob du ein Wort groß- oder kleinschreiben musst, kannst du folgende Rechtschreibstrategien anwenden:

Groß- und Kleinschreibung – Rechtschreibstrategien	
Prüfe die Wortart	**Nomen** und **Eigennamen** schreibst du groß.
Achte auf Signalwörter	Signalwörter wie **das, zum, dein, dieses, viel, etwas** weisen auf Nomen und nominalisierte Wörter hin, die du großschreiben musst.
Führe die Artikelprobe durch	Lässt sich ein **Artikel vor das Wort** setzen, handelt es sich um ein Nomen oder ein nominalisiertes Wort. Dann musst du es großschreiben.
Achte auf typische Wortendungen	Endungen wie **-heit, -keit, -nis, -ung, -schaft, -tum, -ion, -ling** weisen auf Nomen hin. Wörter mit diesen Endungen werden deshalb großgeschrieben.

Auf einen Blick

Groß oder klein? Bearbeite die folgenden Aufgaben.

Übung 20

1. Unterstreiche in den folgenden Sätzen die „unechten" Nomen und die Begleiter, die sie zu Nomen gemacht haben. Wenn es zwei Begleitwörter gibt, unterstreichst du beide.

    a) Nächsten Mittwoch muss ich das Turnen ausfallen lassen.

    b) Das Kleid steht dir wirklich gut! Vor allem das Grün passt zu dir.

    c) Beim Rechnen stellt sie sich sehr geschickt an.

    d) Nach langem Hin und Her ging sie endlich mit.

2. Schreibe folgenden Text in der richtigen Groß- und Kleinschreibung ab (→ Heft).

Berliner Zeitung   **WIE MAN DATEIEN RICHTIG LÖSCHT**

wenn anwender ihren rechner oder eine festplatte verkaufen oder entsorgen wollen, befinden sich in vielen fällen noch sensible daten auf dem gerät. viele nutzer denken, mit dem löschen der daten oder dem formatieren des datenträgers lassen sich alle persönlichen daten beseitigen – ein trugschluss. zwar können anwender mit der tastenkombination „umschalt + entf" daten ohne den umweg über den papierkorb löschen. es ist allerdings kein problem, diese daten mit spezialprogrammen wiederherzustellen. das liegt vor allem daran, dass windows beim normalen löschen nur das inhaltsverzeichnis entfernt, die daten aber erhalten bleiben. oder das betriebssystem löscht die einzelnen bereiche auf der festplatte, überschreibt diese aber nicht. falls es kein zurück für die dateien geben soll, müssen anwender schwerere geschütze auffahren – entweder etwas umständlichere windows-bordmittel oder löschtools, die meist einfacher zu handhaben und kostenlos sind.

Quelle: dpa: Wie man Dateien richtig löscht, 10.01.2012. Im Internet unter: http://www.berliner-zeitung.de/digital/auf-nimmerwiedersehen-wie-man-dateien-richtig-loescht,10808718,11415320.html, aus didaktischen Gründen stellenweise gekürzt und geändert.

7.2 Getrennt- und Zusammenschreibung

Es ist nicht immer leicht zu entscheiden, ob zwei Wörter, die in einem Satz nebeneinanderstehen, getrennt oder zusammengeschrieben werden.

Zusammenschreibung

Merke dir diese Grundregel: **ein Ding = ein Wort**.
Wenn zwei Wörter zusammen ein und dieselbe Sache bezeichnen, müssen sie zusammengeschrieben werden. Sie bilden dann gemeinsam ein **zusammengesetztes Wort**.

Beispiele

Er besorgte sich vor der Reise Geld.
→ Hier bezeichnen die Wörter *Reise* und *Geld* zwei verschiedene Dinge.

Vor der Abfahrt besorgte er sich noch Reisegeld.
→ Hier bezeichnen die Wörter *Reise* und *Geld* zusammen nur ein Ding.

Treffen diese Wortarten aufeinander, musst du sie meist **zusammenschreiben**:

Beispiele
- **Nomen + Nomen** *Stuhlbein, Arztpraxis, Haustür ...*
- **Nomen + Adjektiv** *stockdunkel, abbruchreif, rabenschwarz ...*
- **Nomen + Adverb** *landeinwärts, bergauf, flussabwärts ...*
- **Verb + Nomen** *Messbecher, Singspiel, Schneidbrett ...*
- **Adverb + Verb** *auseinanderbrechen, übereinanderstellen, darüberfahren ...*
- **Präposition + Verb** *aufspringen, mitmachen, nachlesen ...*

Tipp

> **Verben mit *zu* richtig schreiben**
> Das Wörtchen *zu*, das manchmal vor der Grundform von Verben steht, wird **in der Regel getrennt** vom Verb geschrieben. Manchmal **schiebt** sich das *zu* aber auch in die Grundform eines Verbs **hinein**; dann verschmilzt es mit dem Verb zu einem Wort.

Beispiele

Hast du etwas zu essen eingepackt?   Aber: *Ich versuche, die Tür aufzuschließen.*

Getrenntschreibung

Für die Getrenntschreibung kannst du dir folgende Regeln merken:

- **Verb + Verb**

Beispiel

Tim und Tom wollen schreiben lernen.

Ausnahme: Wenn die beiden Verben zusammen **als Nomen verwendet** werden, musst du sie zusammenschreiben.

Beispiel

Die zwei helfen sich beim (bei + dem) Schreibenlernen gegenseitig.

- **Nomen + Verb**

Beispiel

Sarah und Bert gehen Tischtennis spielen.

Ausnahme: Wenn die beiden Wörter zusammen **als Nomen verwendet** werden, musst du sie zusammenschreiben.

Beispiel

Das Tischtennisspielen ist ihr größtes Hobby.
→ *Tischtennis* und *spielen* werden zusammen als Nomen verwendet.

▶ **Adjektiv + Verb**
Steht nach einem Adjektiv ein Verb und **lässt sich** das **Adjektiv erweitern**, musst du die beiden Wörter in der Regel getrennt schreiben.
laut singen → lauter singen, schnell sprechen → schneller sprechen

Ausnahme: Wenn Adjektiv und Verb zusammen eine **besondere** (**übertragene**) **Bedeutung** haben, musst du sie zusammenschreiben.
schwarzfahren, krankschreiben

> **Übertragene Bedeutung bei Adjektiven**
> Wenn du die **Adjektive erweitern** kannst, haben sie in der Regel ihre **wörtliche Bedeutung**. Dann schreibt man sie meist **getrennt**.
> Lassen sie sich dagegen **nicht** mehr **erweitern**, ohne dass der Satz merkwürdig klingt, haben die Adjektive oft eine **übertragene Bedeutung**. Dann musst du sie mit dem nachfolgenden Wort **zusammenschreiben**.

Der Arzt möchte den Patienten krankschreiben.
→ Der Arzt kann den Patienten nicht „kränker schreiben".

Mit folgenden Proben kannst du feststellen, ob du etwas getrennt oder zusammenschreiben musst:

Getrennt- und Zusammenschreibung – Rechtschreibstrategien	
Betonungsprobe	Achte auf die **Aussprache**: Gibt es bei zwei benachbarten Wörtern nur **eine Hauptbetonung**, handelt es sich um ein **zusammgesetztes Wort**, das du **zusammenschreiben** musst. Sind dagegen **zwei Betonungen** erkennbar – eine in jedem Wort –, musst du die Wörter **getrennt** schreiben.
Bedeutungsprobe	Durch die Zusammenschreibung kann auch ein **Bedeutungsunterschied** entstehen. Dann verlieren die Wörter ihre ursprüngliche Bedeutung und erhalten eine **neue, übertragene Bedeutung**.

Hinweis: Im Zweifelsfall orientierst du dich an der **Betonung**. Achte darauf, dass du die Wörter in ihrem **Satzzusammenhang** aussprichst.

Den Freistoß muss man wirklich kürzer treten.
→ **zwei** Hauptbetonungen → **wörtliche** Bedeutung

Du wirkst gestresst, du solltest wirklich kürzertreten.
→ **eine** Hauptbetonung → **übertragene** Bedeutung (= weniger arbeiten)

Der Sturz war nicht schlimm, ich bin nur leicht gefallen.
→ **zwei** Hauptbetonungen → **wörtliche** Bedeutung

Thea ist die Mathearbeit leichtgefallen.
→ **eine** Hauptbetonung → **übertragene** Bedeutung (= hat keine Mühe bereitet)

Schreibkompetenz

Übung 21 **Getrennt oder zusammen?** Bearbeite die folgenden Aufgaben.

1. Begründe die Schreibweise der kursiv gedruckten Wörter, indem du jeweils die Hauptbetonungen unterstreichst.

   a) Wenn du gut lernst, wird dir der Test *leichtfallen*.
   b) Ich denke, wir werden miteinander *zurechtkommen*.
   c) Wo ist hier der *Notausgang*?
   d) Er war von der Sonne *braun gebrannt*.
   e) Auf der Bühne musst du *deutlich sprechen*.

2. Prüfe, ob die folgenden Aussagen eine wörtliche oder eine übertragene Bedeutung haben. Streiche jeweils die falsche Schreibweise durch.

   a) Thomas will immer alles *schön reden / schönreden*.
   b) Maria kann *schnell laufen / schnelllaufen*.
   c) Costa lässt sich für morgen *krank schreiben / krankschreiben*.
   d) Ich möchte nicht *schwarz fahren / schwarzfahren*.

3. Streiche im folgenden Text jeweils die falsche Schreibweise durch.

   Falscher Alarm

   Ein starkbetrunkener / stark betrunkener Mann legte sich vergangenes Wochenende / Wochen Ende mit der Feuerwehr / Feuer Wehr an. Er hatte die Einsatzleitung / Einsatz Leitung wegen eines Brandes in seiner Wohnung alarmiert. Als sich die Beamten dem Haus näherten, konnten sie schon von Weitem Rauch aus der Wohnung quellensehen / quellen sehen. Doch der Mann hatte es mit den Löscharbeiten / Lösch Arbeiten nicht eilig. Amüsiert beobachtete er die Mieter, die in Panik aus dem Haus rannten, um sich über sie lustigzumachen / lustig zu machen. Den Beamten verweigerte er den Zutritt zu seiner Wohnung. Weil diese der Ansicht waren, dass sie ein Feuer löschenmüssten / löschen müssten, versuchten sie ihn zur Seite zuschieben / zu schieben. Erst mithilfe mehrerer Polizisten, die gerufenwurden / gerufen wurden, konnte der Betrunkene schließlich überwältigtwerden / überwältigt werden.

   Am Ende stellte sich heraus, dass es sich bei dem Mann um einen Diskothekenbesitzer / Diskotheken Besitzer handelte. Dieser hatte es den Mietern heimzahlen / Heim zahlen wollen, indem er ihnen einen Schreck einjagte. Zu diesem Zweck hatte er die neue Nebelmaschine / Nebel Maschine seines Klubs in der Wohnung aufgebaut und sie auf höchster Stufe laufen lassen.

   Als Motiv gab der Mann an, sich über die zahllosen / Zahl losen Beschwerden der Mieter über laute Musik aus seiner Diskothek geärgertzuhaben / geärgert zu haben.

Schreibkompetenz | **57**

7.3 Auslautverhärtung (b/p, d/t, g/k)

Wenn du unsicher bist, ob du ein Wort am Ende mit **b** oder **p**, **d** oder **t**, **g** oder **k** schreiben musst, **verlängerst** du es zur Probe. Dann steht der betreffende Konsonant nicht mehr am Wortende und du kannst hören, wie er geschrieben wird.
Je nach Wortart gibt es unterschiedliche Möglichkeiten zur Wortverlängerung:

▶ Bei **Adjektiven** bildest du die **Steigerungsform**.

plump – plumper, traurig – trauriger   Beispiele

▶ Bei **Nomen** bildest du die **Mehrzahl**.

Geld – Gelder, Macht – Mächte, Sieb – Siebe   Beispiele

▶ Bei **Verben** bildest du die **Grundform**.

er grub – graben, sie log – lügen, er lud … auf – aufladen   Beispiele

Manchmal ist es **nicht möglich** ein Wort zu **verlängern**. Dann leitest du die Schreibung von anderen Wörtern der gleichen **Wortfamilie** ab, in denen der Konsonant in der Wortmitte steht.

Lob – loben, Gold – golden, Gestank – stinken   Beispiele

Auf einen Blick

b/p, g/k, d/t – Rechtschreibstrategien	
Verlängere das Wort	Bilde bei Adjektiven die **Steigerungsform**, bei Nomen die **Mehrzahl** und bei Verben die **Grundform**.
Suche verwandte Wörter	Bei Wörtern, die sich **nicht verlängern** lassen, leitest du die Schreibung von verwandten Wörtern ab, bei denen dieser Konsonant nicht am Ende einer Silbe steht.

Begründe die Schreibweise der Wörter, indem du die verschiedenen Rechtschreibstrategien anwendest.   Übung 22

1. Wende die Verlängerungsprobe an und trage dann den richtigen Buchstaben ein: **b** oder **p**, **d** oder **t**, **g** oder **k**.

   a) kran___ _____   b) Ber___ _____

   c) Her___ _____   d) run___ _____

   e) Wir___ _____   f) Kor___ _____

   g) Ty___ _____   h) er berä___ _____

2. Werden folgende Wörter am Ende mit **d** oder **t** geschrieben? Trage den richtigen Buchstaben ein und begründe deine Wahl, indem du ein verwandtes Wort notierst, bei dem das **d/t** nicht am Ende einer Silbe steht.

   a) Schul___ _____

   b) Blu___ _____

   c) Mu___ _____

   d) San___ _____

7.4 Gleichklingende Laute (e/ä, eu/äu)

Wenn du unsicher bist, ob du in einem Wort **e** oder **ä** beziehungsweise **eu** oder **äu** schreiben musst, bildest du zur Probe die Grundform:

▶ Bei **Adjektiven** bildest du die nicht **gesteigerte Form**.

Beispiele *st**ä**rker – st**a**rk, g**e**lber – g**e**lb, absch**eu**licher – absch**eu**lich*

▶ Bei **Nomen** bildest du die **Einzahl**.

Beispiele *G**ä**ste – G**a**st, Pf**e**rde – Pf**e**rd, L**äu**se – L**au**s, D**ä**cher – D**a**ch*

▶ Bei **Verben** bildest du die **Grundform**.

Beispiele *r**e**nnt – r**e**nnen, l**eu**chtet – l**eu**chten, l**äu**ft – l**au**fen*

Hinweis: Wenn du in der Grundform deutlich ein a bzw. au hörst, schreibst du ä/äu. Bleibt die Aussprache in der Grundform gleich (z. B. feuchter – feucht), dann schreibst du e bzw. eu.

Wenn dir die Grundform nicht weiterhilft, suchst du nach einem **verwandten Wort**. So kannst du trotzdem die richtige Schreibung ermitteln.

Beispiele *R**äu**ber – r**au**ben, j**ä**hrlich – J**a**hr*

Wenn du also die richtige Schreibung mit **e/ä** bzw. **eu/äu** ermitteln möchtest, kannst du folgende Rechtschreibstrategien anwenden:

Auf einen Blick

e/ä, eu/äu – Rechtschreibstrategien	
Bilde die Grundform	Bei gesteigerten Adjektiven bildest du die **Grundform**, bei Nomen in der Mehrzahl bildest du die **Einzahl** und bei gebeugten Verben die **Grundform**.
Suche verwandte Wörter	Wenn dir die **Grundform nicht weiterhilft**, suchst du nach einem **verwandten Wort**, dessen Schreibung du sicher kennst.

Übung 23

1. **e** oder **ä**? **eu** oder **äu**? Wende die Grundformprobe an.

   a) die H____ser _____   b) k____lter _____

   c) die D____cken _____   d) die B____len _____

   e) er schl____ft _____   f) die Br____che _____

   g) die R____nder _____   h) schl____chter _____

2. Leite die Schreibung der folgenden Wörter anhand von verwandten Wörtern ab. Schreibe die verwandten Wörter jeweils in Klammern hinter das Wort.

   a) Er ist m____chtig (_____) und sehr bed____tsam (_____).

   b) T____res (_____) muss nicht b____sser (_____) sein.

   c) Er lag b____chlings (_____) auf dem Sofa.

   d) Der pr____chtige (_____) Wolf h____lte (_____) laut.

7.5 Doppelkonsonanten

Ob du einen **einfachen** oder einen **doppelten Konsonanten** setzen musst, kannst du daraus ableiten, ob du einen **langen** oder **kurzen Vokal** hörst.

▶ **Langer Vokal → einzelner Konsonant**
Wenn ein betonter Vokal lang gesprochen wird, folgt in der Regel nur ein einzelner Konsonant. Auch Diphthonge (Zweilaute) werden lang gesprochen.

*H*a*se, F*e*der, bel*a*den, kr*au*len, S*äu*le* — Beispiele

▶ **Kurzer Vokal → zwei oder mehr Konsonanten**
Wenn ein betonter Vokal kurz gesprochen wird, folgen unmittelbar danach zwei oder mehr Konsonanten.

*K*e*rze, f*i*nster, sp*a*lten, d*u*nkel, W*o*lke* — Beispiele

▶ **Kurzer Vokal + nur ein Konsonant hörbar → Doppelkonsonant**
Hörst du nach einem betonten, kurz gesprochenen Vokal nur einen einzelnen Konsonanten, verdoppelst du ihn beim Schreiben.

*schw*i*mmen, W*a*sser, W*e*lle, S*o*nne, M*u*tter* — Beispiele

> **Tipp**
>
> **Nach Silben trennen**
> Wenn es dir schwerfällt, zu hören, ob ein Vokal lang oder kurz ist, dann kann es dir helfen, das **Wort nach Silben zu trennen**. Gehört der Konsonant **zum Ende** der vorangehenden Silbe und **zum Anfang** der nächsten Silbe, schreibt man einen **Doppelkonsonanten**.

Don-ner, Wet-ter, wis-sen — Beispiele

▶ **Einsilbige Wörter verlängern**
Einsilbige Wörter, die auf einen Konsonanten enden, verlängerst du, um festzustellen, ob du einen Doppelkonsonanten schreiben musst.

das Schiff – Plural: *die Schif-fe*, *knapp* – Steigerung: *knap-per*,
er will – Grundform: *wol-len* — Beispiele

▶ **Nach verwandten Wörtern suchen**
Manchmal hilft dir die **Wortfamilie**, den **Doppelkonsonanten** zu erkennen.

ihr wisst – wis-sen, Kennzeichen – ken-nen, gefüllt – fül-len — Beispiele

Rechtschreibregeln zu tz und ck

Die Konsonanten **k** und **z** werden **nicht verdoppelt**. Hörst du nach einem kurzen, betonten Vokal die Konsonanten **k** oder **z**, schreibst du stattdessen **ck** oder **tz** (Ausnahme: Wörter, die ursprünglich aus einer anderen Sprache stammen, z. B. **Pizza** oder **Sakko**).

*S*a*tz, schü*tz*en, Ti*ck*et, zu*ck*en* — Beispiele

Zu **ck** gibt es eine weitere Besonderheit: Anders als „normale" Doppelkonsonanten wird **ck** nicht getrennt. Es rückt bei der Silbentrennung als Buchstabenpaar vereint an den Anfang der nächsten Silbe.

Ti-cket, zu-cken — Beispiele

Schreibkompetenz

Hinweis: Für diese Konsonantenpaare gibt es noch eine Spezialregel. Sie lautet:
Nach l, n, r – das merke ja – steht **nie tz** und **nie ck**!

Beispiele

Wo*l*ke, E*n*kel, A*r*znei, A*r*zt

Auf einen Blick

Doppelkonsonanten – Rechtschreibstrategien	
Untersuche die Vokallänge	Einen **Doppelkonsonanten** schreibst du, wenn du nach einem kurzen, betonten Vokal nur einen **einzelnen Konsonanten hörst**.
Trenne nach Silben	Gehört der Konsonant sowohl zur ersten als auch zur zweiten Silbe, musst du ihn **verdoppeln**.
Suche verwandte Wörter	Die Schreibung mit doppeltem oder einfachem Konsonant lässt sich auch von **verwandten Wörtern** ableiten, deren Schreibung du sicher kennst.

Übung 24

Einzel- oder Doppelkonsonant? Bearbeite die folgenden Aufgaben.

1. Trage einen Einzel- oder einen Doppelkonsonanten in die Lücken ein.

   a) An Ostern kommt der Osterha____e.

   b) Das Gegenteil von „lieben" ist „ha____en".

   c) Zum Schlafen legt man sich in ein Be____.

   d) Religiöse Menschen be____en, wenn sie Sorgen haben.

   e) Wenn es regnet, werden die Menschen na____.

   f) Die Na____e ist das Sinnesorgan, mit dem wir Gerüche wahrnehmen.

2. Begründe die Schreibung der fett gedruckten Wörter mit Doppelkonsonant. Suche zur Begründung nach einem zweisilbigen Wort, in dem der Konsonant genau zwischen zwei Silben steht, und schreibe es in die rechte Spalte.

   a) Der Hund **bellt** laut. _____

   b) Er ist nicht **dumm**. _____

   c) Du **musst** mir helfen. _____

   d) Wir brauchen ein **Brett**. _____

   e) So ein **Unsinn**. _____

3. Trage ein: **k** oder **ck**?

   Win____el, Ban____, Schre____, La____, pa____en, par____en, le____er, Le____, we____en, Ste____er, dun____el, De____e, Schrän____e, Bal____en, wa____eln

4. Trage ein: **z** oder **tz**?

   Her____, tan____en, win____ig, wi____ig, Ker____e, ran____ig, Pel____, spi____, Mü____e, Kra____er, pe____en, wür____ig, Schmu____, Verle____ung, Pil____

7.6 s-Laute (s/ss/ß)

Die Schreibweise von s-Lauten hängt von zweierlei ab: von der **Länge des vorangehenden Vokals** und von der **Aussprache des s-Lauts**.

Ein s-Laut kann stimmhaft oder stimmlos ausgesprochen werden. Wenn du einen s-Laut **stimmhaft** aussprichst, hört er sich **weich** an, so ähnlich wie das Summen einer **Biene**.

Sprichst du ihn dagegen **stimmlos** aus, dann klingt er **scharf** wie das Zischen einer **Schlange**.

> **Weiche und scharfe s-Laute unterscheiden**
> Wenn du nicht sicher bist, ob ein s-Laut stimmhaft oder stimmlos gesprochen wird, kannst du die **Handprobe** machen: Lege die Hand vorn um deinen Hals und sprich das Wort **laut** aus. Ist der s-Laut **stimmhaft**, vibrieren deine Stimmbänder – und das kannst du **fühlen**! Solltest du mit der Hand **nichts fühlen**, ist der s-Laut **stimmlos**.

Tipp

Hinweis: In Süddeutschland machen einige Menschen keinen Unterschied zwischen stimmhaften und stimmlosen s-Lauten, weil sie so gut wie **alle s-Laute stimmlos** aussprechen. Solltest du dazugehören, hilft nur eines: Du musst die Schreibweise der Wörter auswendig lernen.

Für die Schreibweise der s-Laute gelten folgende Regeln:

▶ **s:** Einfaches **s** schreibst du, wenn das **s stimmhaft** ist.
  Hose, Besen, reisen, lesen

Beispiele

▶ **ß:** Scharfes **ß** schreibst du, wenn der s-Laut **stimmlos ist und nach** einem **langen Vokal** steht.
  Süßigkeiten, reißen, stoßen, gießen

Beispiele

▶ **ss:** Doppel-s schreibst du, wenn der s-Laut **stimmlos ist und nach** einem **kurzen Vokal** steht.
  Tasse, Messer, fassen, essen

Beispiele

Hinweis: Eine Ausnahme bilden kleine Wörter wie **es**, **des**, **was** und Wörter mit den Endungen **-nis** (Hindernis), **-mus** (Mechanismus) und **-os** (Kosmos). Aber Achtung: Die Pluralform von Nomen, die mit **-nis** enden, bekommt doch ein Doppel-s (Hindernisse).

> **Stimmhaftigkeit bei s-Lauten am Wortende erkennen**
> Am **Wortende** klingt **jeder s-Laut scharf**. Deshalb musst du in diesem Fall das Wort zuerst **verlängern**, bevor du den Klang prüfen kannst. Lässt sich das Wort nicht verlängern, suchst du nach einem **verwandten Wort**.

Tipp

Bei *Laus* hört man nach einem langen Vokal ein stimmloses **s** und müsste eigentlich **ß** schreiben. Die Verlängerungsprobe zeigt aber, dass das **s** in Wahrheit **stimmhaft** ist: *Laus → Läuse*.

Beispiel

Übung 25

s, ss oder ß? Bearbeite die folgenden Aufgaben

1. Prüfe in den folgenden Wörtern zuerst die Stimmhaftigkeit. Danach bestimmst du die Vokallänge und trägst anschließend die richtige Schreibung ein.

Wie schreibt man …	s-Laut		Vokallänge		So schreibt man …
	weich	scharf	lang	kurz	
le ? en	X	☐	X	☐	lesen
fre ? en	☐	☐	☐	☐	
wi ? en	☐	☐	☐	☐	
drau ? en	☐	☐	☐	☐	
brau ? en	☐	☐	☐	☐	
Bu ? e	☐	☐	☐	☐	

2. Überprüfe zuerst die Stimmhaftigkeit, indem du die Wörter verlängerst, und entscheide dich dann für die richtige Schreibung.

a) Fu_ß_   *Füße → s-Laut bleibt scharf + Vokal ist lang*

b) hei____   _____

c) Hau____   _____

d) na____   _____

7.7 i-Laute (i/ie)

Achte beim Schreiben eines i-Lauts auf dessen **Länge**. Grundsätzlich schreibt man den **langen** i-Laut mit **ie**, den **kurzen** mit **i**.

Beispiele: *R<u>ie</u>se, M<u>ie</u>te, l<u>ie</u>ben, t<u>ie</u>f, R<u>i</u>ss, B<u>i</u>tte, w<u>i</u>ndig, s<u>i</u>tzen*

Hinweis: Bei einigen Wörtern schreibt man den langen i-Laut nur mit **i**. Das gilt vor allem für **Wörter**, die ursprünglich aus einer **anderen Sprache** stammen, trifft aber auch für einzelne deutsche Wörter zu.

Beispiele: *Masch<u>i</u>ne, Mandar<u>i</u>ne, Law<u>i</u>ne, B<u>i</u>ber, <u>I</u>gel, Br<u>i</u>se*

Übung 26

Setze jeweils passend **i** und **ie** ein.

a) Tanja b____tet ihren Gästen selbst gebackenen Kuchen an.

b) Würdest du b____tte das Fenster schl____ßen?

c) Marcel kaut nervös auf seiner L____ppe.

d) Das prächtige Sch____ff fuhr mit geblähten Segeln auf das Meer hinaus.

e) Hätte ich keine Zahnspange gehabt, hätte ich z____mlich sch____fe Zähne.

f) Fulda l____gt m____tten in Deutschland.

7.8 Silbentrennendes h und Dehnungs-h

In manchen Wörtern wird ein **h** eingefügt. Dieses kann entweder ein **silbentrennendes h** oder ein **Dehnungs-h** sein.

Dehnungs-h

In einigen Wörtern setzt man ein Dehnungs-h, um einen **lang gesprochenen Vokal** zu kennzeichnen. Das ist allerdings nur der Fall, wenn unmittelbar danach einer dieser Konsonanten folgt: **l, m, n, r**. Das Dehnungs-h bleibt in allen Wörtern aus der gleichen **Wortfamilie** erhalten.

Fehler, lahm, dehnen, ehrlich — Beispiele

Es gibt aber sehr **viele Ausnahmen**. Ein nachfolgendes **l, m, n** oder **r** ist keine Garantie dafür, dass ein Dehnungs-h vorausgeht. Deshalb musst du die Wörter mit Dehnungs-h als **Merkwörter** lernen.

mal, Gnom, Ton, Bär — Beispiele

> **Die Regel zum Dehnungs-h richtig einsetzen** — Tipp
> Wegen der vielen Ausnahmen ist die Regel zum Dehnungs-h mit Vorsicht zu genießen. Trotzdem ist es hilfreich, zu wissen, dass das Dehnungs-h nur vor **l, m, n, r** stehen kann. So weiß man nämlich, dass es vor allen anderen Konsonanten **auf gar keinen Fall** stehen kann.

Rabe, Nudel, Hof, Regen, beten, ewig, lesen — Beispiele

Mit oder ohne Dehnungs-h? Finde je ein verwandtes Wort zu folgenden Wörtern und streiche dann die jeweils falsche Schreibweise durch. — Übung 27

a) Lehrling / Lerling

b) Prohbe / Probe

c) Belohnung / Belonung

d) Zahltag / Zaltag

e) abfehdern / abfedern

f) Mahnung / Manung

Silbentrennendes h

Das silbentrennende h markiert den **Anfang einer neuen Silbe**, wenn direkt auf einen langen Vokal ein kurzer Vokal zu hören ist. Um zu erkennen, ob du ein silbentrennendes h einfügen musst, solltest du das Wort **nach Silben trennen**.

ge-hen, Mü-he, Tru-he, na-he — Beispiele

Das silbentrennende h bleibt bei Wörtern aus derselben **Wortfamilie** erhalten. Bei einsilbigen Wörtern kannst du das Wort **verlängern** oder nach einem **verwandten zweisilbigen Wort** suchen, um das silbentrennende h zu erkennen.

Schreibkompetenz

Beispiele

Kuh – Plural: *Kü-he*
roh – Steigerung: *ro-her*
geht – Grundform: *ge-hen*
mühsam – verwandtes Wort: *Mü-he*

Auf einen **Zweilaut** (au, äu, eu, ei, ai) folgt **kein silbentrennendes h**.

Beispiele

Bau-er, ver-täu-en, freu-en, Fei-er

Um festzustellen, ob du in einem Wort ein **h** einfügen musst, helfen dir folgende Rechtschreibstrategien:

Auf einen Blick

Silbentrennendes h und Dehnungs-h – Rechtschreibstrategien	
Merkwörter	Wörter mit **Dehnungs-h** musst du **auswendig** lernen.
Suche verwandte Wörter	**Dehnungs-h** und **silbentrennendes h** bleiben in Wörtern der gleichen Wortfamilie erhalten. Wenn du also die Schreibung eines **verwandten Wortes** sicher weißt, kannst du die richtige Schreibweise ableiten.
Trenne nach Silben	Wenn auf einen **langen Vokal** ein **kurzer** folgt, musst du meist ein **silbentrennendes h** einfügen, um den Beginn der neuen Silbe zu kennzeichnen.
Verlängere das Wort	Wenn sich das Wort verlängern lässt, wird es **zweisilbig** und du kannst erkennen, ob es ein **silbentrennendes h** enthält.

Übung 28

Aufgaben

1. Begründe die Schreibung der folgenden Verben mit silbentrennendem h, indem du die Silbengrenze mit | markierst.

   sehen, krähen, fliehen, blühen, nähen, leihen, glühen, stehen, ruhen

2. Verlängere die folgenden Wörter, um zu zeigen, dass es sich bei dem **h** um ein silbentrennendes h handelt. Markiere in der verlängerten Form die Grenze zwischen den Silben mit |.

   a) Floh _____ b) Zeh _____

   c) er droht _____ d) nah _____

   e) Schuh _____ f) froh _____

3. Begründe die Schreibung der folgenden Wörter mit silbentrennendem h, indem du ein verwandtes Wort suchst und dieses dann nach Silben trennst.

   a) Dre**h**scheibe _____

   b) Glü**h**birne _____

   c) mü**h**sam _____

   d) Wei**h**nachten _____

7.9 Grundregeln der Zeichensetzung: Kommas richtig setzen

Viele Leute geben zu, dass sie Kommas meist nicht nach bestimmten Regeln setzen, sondern eher „nach Gefühl" – und das führt dann oft dazu, dass sie die Kommas falsch setzen. Deshalb erhältst du hier eine Übersicht über die wichtigsten Kommaregeln.

Komma bei Aufzählungen

Das Komma trennt die einzelnen **Glieder von Aufzählungen**. Die Wörter *und*, *oder* und *sowie* ersetzen das **Komma**, das dann **entfällt**. Aufzählungen können bestehen aus:

- **Einzelwörtern**
  Für seine Reise zum Südpol packte Erin Pullover, Daunenjacken, Fellstiefel und Handschuhe ein.

- **Wortgruppen**
  Schon vor Tagen hatte er seine Bücher, das Smartphone, eine starke Taschenlampe sowie eine Packung Batterien in den Koffer gepackt.

- **ganzen Sätzen**
  Erin stieg in den Flughafenbus, der Fahrer nickte ihm freundlich zu und sie fuhren nonstop zum Flughafen.

Komma als Markierung von Gegensätzen

Das Komma trennt Einzelwörter, Wortgruppen oder Sätze, mit denen ein **Gegensatz** zum Ausdruck gebracht wird. Gegensätze erkennst du an **Konjunktionen** wie *aber*, *doch* und *sondern*.

*Das Essen war lecker, **aber** kalt.*   Beispiele
*Tobias fährt dieses Jahr nicht nach Spanien, **sondern** an die Algarve.*
*Das Wetter ist heute zwar schön, **doch** Annika bleibt lieber zu Hause.*

Hinweis: *Aber* und *doch* können auch **Füllwörter** sein, die keinen Gegensatz, sondern eher eine Art Erstaunen ausdrücken. Prüfe daher, ob du *aber/doch* weglassen kannst, bevor du ein Komma setzt.

Die Hecke ist (aber) im letzten Jahr gewachsen!   Beispiele
Du bist (doch) verrückt!

Komma als Kennzeichen von Satzgrenzen

- **Hauptsatz + Hauptsatz**
  Hauptsätze, die wie bei einer Aufzählung aufeinanderfolgen, werden durch **Punkt** getrennt. Wenn man die **Satzgrenze nicht** so stark **hervorheben** will, kann man auch ein Komma setzen.

  Sven lief in den Garten hinaus, denn dort warteten seine Freunde.   Beispiele
  Gestern regnete es in Strömen, niemand badete im See.

Schreibkompetenz

▶ **Hauptsatz + Nebensatz**

Haupt- und Nebensätze, die zusammen ein Satzgefüge bilden, werden **grundsätzlich** durch Komma voneinander getrennt. Dabei spielt es keine Rolle, ob der Nebensatz dem Hauptsatz folgt oder umgekehrt. Ist der Nebensatz in den Hauptsatz **eingeschoben**, musst du ein Komma vor und nach dem Nebensatz setzen.

Beispiele

Tobi wollte unbedingt nach Disneyland, als er mit seinen Eltern in Frankreich war.
Obwohl die Eltern nicht begeistert waren, erfüllten sie Tobis Wunsch.
Dann genossen alle drei diesen Tag, der leider viel zu schnell zu Ende ging, sehr.

Tipp

> Haupt- und Nebensätze lassen sich am besten an der **Position des gebeugten Verbs** unterscheiden. Steht das Verb am Satzanfang (als **erstes** oder **zweites Satzglied**), liegt ein **Hauptsatz** vor. Steht das gebeugte Verb **am Satzende**, handelt es sich um einen **Nebensatz**.

Übung 29

Füge im folgenden Text die fehlenden Kommas ein und notiere am Rand die passende Begründung:
Aufzählung / Gegensatz / Hauptsatz + Hauptsatz / Hauptsatz + Nebensatz
Hinweis: Berücksichtige die Reihenfolge von Hauptsatz und Nebensatz.

Was Hotelgäste auf dem Zimmer vergessen

Dass ein Hotelgast etwas im Hotelzimmer liegen lässt ist nichts Neues. Eine britische Hotelkette hat jetzt eine Liste mit den verrücktesten Fundstücken veröffentlicht.

Gäste ihrer Hotels vergaßen unter anderem eine Urne mit sterblichen Überresten einen Hamster namens Frederick die Schlüssel zu einem Ferrari 458 und einen Koffer voller pinkfarbener Büstenhalter. Den Vogel abgeschossen hat aber ein Paar das sein 18 Monate altes Baby zurückließ. Als die beiden sich auf den Weg zu einer Hochzeit machten dachte jeder von ihnen der andere hätte das Kind schon ins Auto gepackt obwohl es noch im Hotelzimmer in seinem Bettchen lag.

Die häufigsten Fundstücke in Hotelzimmern sind allerdings nicht so spannend sondern eher langweilig. Auf Platz eins stehen Ladegeräte für Handys oder Laptops Platz zwei wird von Schlafanzügen belegt die oft im Hotelbett liegen bleiben. Auf Platz drei kommen Teddybären sie werden oft von Kindern vergessen. Sehr häufig bleiben außerdem Kulturbeutel Kämme Bücher und elektrische Zahnbürsten auf den Hotelzimmern liegen.

Schreibkompetenz

Übung 30

Im folgenden Text hat sich der Schreiber beim Setzen von Kommas an Sprechpausen orientiert. Deshalb sind ihm zehn Kommafehler unterlaufen.
Kreise im Text alle richtig gesetzten Kommas grün ein und alle falsch gesetzten rot.

Hinweis: Du weißt, in welchen Fällen du ein Komma setzen musst. Es gibt aber auch noch eine **Anti-Komma-Regel**. Sie besagt, dass Satzglieder nicht durch Komma vom Satz abgetrennt werden dürfen. Du solltest dich deshalb nicht an Sprechpausen orientieren, sondern auf die Satzkonstruktion achten.

Im Westen sieht es schlecht aus mit der Ganztagsbetreuung

1 Die Ganztagsbetreuung für Grundschüler, ist in vielen Bundesländern unzureichend und weist große Qualitätsdefizite[1] auf. Wohin soll das Kind gehen, wenn die
5 Schule aus ist? Diese Frage treibt viele Eltern um, wenn ihr Sprössling in die Grundschule kommt.

Denn während im Vorschulalter das Betreuungsangebot auch am Nachmittag
10 heute bundesweit ausreicht, sieht es in den Lebensjahren danach vielerorts düster aus. Vor allem im Westen, fehlt es häufig an einer Ganztagsbetreuung. Inzwischen wird ein Ausbau, auch von der
15 Wirtschaft dringend angemahnt. So soll Eltern die Vereinbarkeit von Familie und Beruf, ermöglicht werden.

Die Qualität der freiwilligen Nachmittagsangebote, ist auch oft unzureichend.
20 Denn die Hälfte der Bundesländer, legt für die Angebote am Nachmittag keine Qualitätsstandards fest. Bei einer schlechten Betreuungssituation, hat eine Ganztagsschule sogar negative Effekte auf die
25 Entwicklung der Kinder.

Anders ist die Lage bei den Horten, wo es im Regelfall gesetzliche Mindeststandards für die Qualifikation des Personals und die Gruppengrößen gibt. Auch ermög-
30 lichen die Öffnungszeiten, eine bessere Vereinbarkeit von Familie und Beruf.

Denn im Regelfall, sind die Horte an vier bis fünf Tagen in der Woche mindestens bis 17 Uhr geöffnet. Außerdem
35 müssen Horte im Gegensatz zu den Ganztagsschulen, grundsätzlich eine Ferienbetreuung anbieten.

Quelle: Dorothea Siems: Westen sieht bei Ganztagsbetreuung schlecht aus, 19.12.11. Im Internet unter: http://www.welt.de /politik/deutschland/article13774766/Im-Sueden-sieht-es-schlecht-aus-mit-Ganztagsbetreuung.html, aus didaktischen Gründen stellenweise gekürzt und leicht geändert.

Kompetenz Sprachwissen und Sprachbewusstsein

8 Grammatisches Grundwissen

8.1 Wortarten erkennen

Wörter sind das „Rohmaterial" der Sprache. Aufgrund von Gemeinsamkeiten kann man sie verschiedenen **Gruppen** zuordnen, die man als Wortarten bezeichnet. Man unterscheidet zwischen **veränderbaren** und **unveränderbaren** Wortarten.

Veränderbare Wortarten

Fünf Wortarten können je nach Verwendung ihre Form verändern. Das heißt, ihnen wird in einem Satz z. B. eine Personalendung angehängt, sie können in die vier Fälle gesetzt werden oder sie stehen in der Einzahl oder Mehrzahl. Man nennt diese Wortarten die **veränderbaren Wortarten**.

Nomen

▶ Nomen (Hauptwörter) bezeichnen **Lebewesen** und **Dinge**. Einige Dinge kann man sich nur denken, denn man kann sie weder sehen noch anfassen.
Sonnenblume, Freunde, Tisch, Stuhl, Idee, Wut   — Beispiele

▶ Nomen ändern sich je nach Numerus (Anzahl) und Kasus (Fall):

Numerus: Singular (Einzahl) – Plural (Mehrzahl):
Freund – Freunde, Stuhl – Stühle   — Beispiele

Kasus: Nominativ – Genitiv – Dativ – Akkusativ
der Freund – des Freundes – dem Freund – den Freund   — Beispiele

> **Tipp**
>
> **Die vier Fälle (Kasus) unterscheiden**
> Im Deutschen gibt es vier Fälle (Kasus). Du kannst sie anhand folgender **Fragen** ermitteln:
> - Nominativ (1. Fall): Der schwarze Hund bellt.   **Wer/Was** bellt? – Der schwarze Hund
> - Genitiv (2. Fall): Der Bart des Mannes ist rot.   **Wessen** Bart? – (Der) des Mannes
> - Dativ (3. Fall): Linus hilft seiner Mutter.   **Wem/Was** hilft Linus? – Seiner Mutter
> - Akkusativ (4. Fall): Carlos trägt seinen Sohn.   **Wen/Was** trägt Carlos? – Seinen Sohn

Verb

▶ Verben (Tuwörter/Tätigkeitswörter) beschreiben **Handlungen** oder **Zustände**.
laufen, greifen, lesen, sein, liegen, bleiben   — Beispiele

▶ Verben ändern sich z. B. je nach Person, Tempus (Zeitform) oder Modus (Indikativ, Konjunktiv, Imperativ).

Person: 1. Person – 2. Person – 3. Person
ich lache/wir lachen   –   du lachst/ihr lacht   –   er lacht/sie lachen   — Beispiele

Tempus: Es gibt sechs verschiedene Zeitformen:

Fachbegriff	deutscher Begriff	Beispiel
Präsens	Gegenwart	wir lachen
Präteritum	Vergangenheit	wir lachten
Perfekt	vollendete Gegenwart	wir haben gelacht
Plusquamperfekt	vollendete Vergangenheit	wir hatten gelacht
Futur I	Zukunft	wir werden lachen
Futur II	vollendete Zukunft	wir werden gelacht haben

Modus: Der Modus gibt an, für wie wahrscheinlich ein Sprecher den Inhalt einer Aussage hält.

Fachbegriff	deutscher Begriff	Beispiel
Indikativ	Tatsachenform	Sie kommt.
Konjunktiv I	Möglichkeitsform	Sie hat gesagt, sie komme.
Konjunktiv II	Unmöglichkeitsform	Sie käme, wenn sie könnte.
Imperativ	Befehlsform	Komm!

Adjektiv

▶ Adjektive (Wiewörter/Eigenschaftswörter) geben Auskunft über **Eigenschaften**. Sie sagen etwas darüber aus, wie jemand/etwas ist.

Beispiele: *groß, rot, müde, dünn, freundlich, bunt*

▶ Adjektive ändern sich je nach **Steigerung**, **Genus** (Geschlecht) und **Kasus**.
Steigerung: Positiv (Grundform), Komparativ, Superlativ

Beispiele: *groß – größer – am größten,   dünn – dünner – am dünnsten*

Genus: Maskulinum (männlich), Femininum (weiblich), Neutrum (sächlich)

Beispiele: *ein großer Hut – eine große Frau – ein großes Haus*

Artikel

▶ Artikel sind **Begleiter** von Nomen. Man unterscheidet zwischen **bestimmten** (der, die, das) und **unbestimmten** (ein, eine) Artikeln.

Beispiele: *der Mann, die Katze, das Haus, ein Mann, eine Katze, ein Haus*

▶ Artikel verändern sich je nach **Numerus** und **Kasus**.

Beispiele: *der Mann: die Männer (Plural), des Mannes (Genitiv), dem Mann (Dativ)*

Pronomen

▶ Es gibt viele verschiedene Arten von Pronomen. Sie können **Stellvertreter** oder **Begleiter** eines Nomens sein.

Beispiele: *ich, ihr, mein, dein, unser, euer, jemand, dieser, keiner*
Stellvertreter: *Ich habe ihr etwas erzählt.* (**ihr** könnte z. B. für **Sabine** stehen)
Begleiter: *Man kann diesen Leuten nicht helfen.* (**diesen** begleitet **Leuten**)

▶ Pronomen verändern sich je nach **Numerus** und **Kasus**.

Kompetenz Sprachwissen und Sprachbewusstsein

Unveränderbare Wortarten

Die übrigen Wortarten bleiben immer unverändert. Die drei wichtigsten sind:

Adverb

▸ Adverbien geben Zusatzinformationen über die **genaueren Umstände** einer Handlung, z. B. über den **Ort** (Wo? Wohin? Woher?), die **Zeit** (Wann? Seit wann? Wie lange?), die **Art und Weise** (Wie?) oder den **Grund** (Warum?).
hier, oben, jetzt, bald, gern, vergebens, ausnahmsweise, deinetwegen   Beispiele

Konjunktion

▸ Konjunktionen **verbinden** Wörter, Wortgruppen oder Sätze miteinander.
und, oder, aber, weil, als, wenn, falls, statt   Beispiele

Präposition

▸ Präpositionen zeigen, wie Dinge oder Lebewesen zueinander stehen. Manchmal ist eine Präposition mit einem Artikel verschmolzen.
in, an, bei, für, ohne, wegen, unter, über, ins (in + das), ans (an + das)   Beispiele

Hinweis: Merke dir zu jeder **Wortart** zwei **typische Beispiele**. Dann kannst du andere Wörter, die derselben Wortart angehören, leichter zuordnen.

Notiere die Wortart jedes Wortes auf der Linie.
Nutze dazu die Abkürzungen aus der rechten Spalte.

Neulich   vergaß   ein   Reptilienhändler   in

einem   Hotelzimmer   sein   grünes   Chamäleon.

Der   Gast   übersah   das   Tier   am   Morgen,   als   er   seinen   Koffer   packte.

Das   lag   an   der   grünen   Farbe   der   Tapete   im   Hotelzimmer.

Abends   entdeckte   der   nächste   Besucher   das   Tier,   weil   es   sich   bewegte.

Der   Mann   überlegte   einen   Augenblick,   dann   alarmierte   er   sofort   die   Polizei.

Die   Polizisten   fingen   das   kleine   Reptil   mit   einem   Kescher.

Bald   ermittelten   die   Beamten   den   Besitzer   und   benachrichtigten   ihn.

Der   glückliche   Reptilienhändler   begab   sich   sogleich   wieder   in   das   Hotel.

Übung 31

Abkürzungen:
N = Nomen
V = Verb
Adj = Adjektiv
Art = Artikel
Pron = Pronomen
Adv = Adverb
Konj = Konjunktion
Präp = Präposition

8.2 Satzglieder bestimmen

So wie sich eine Kette aus einzelnen **Gliedern** zusammensetzt, besteht auch jeder Satz aus Satzgliedern. Der kürzeste mögliche Satz enthält nur zwei Satzglieder, nämlich ein **Subjekt** und ein **Prädikat**.

Beispiel

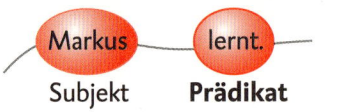

Markus — **lernt.**
Subjekt — **Prädikat**

Das **Prädikat** legt fest, wie viele Satzglieder erforderlich sind, um einen **sinnvollen Satz** zu bilden. Wenn du z. B. einen Satz mit **kennen** bilden willst, musst du auch noch sagen, wer denn nun wen kennt (jemand kennt jemanden/etwas).

Beispiel

Meine Mutter — **kennt** — **den Spielfilm.**
Subjekt — **Prädikat** — Akkusativobjekt

Die meisten Prädikate erfordern **zwei Satzglieder**. Es gibt aber auch Prädikate, die drei oder **mehr** Satzglieder erfordern.

Beispiel

Lena — **gibt** — **ihrem Freund** — **ein Geschenk.**
Subjekt — **Prädikat** — Dativobjekt — Akkusativobjekt

Wenn du Satzglieder bestimmen willst, solltest du die folgenden **5 Regeln** kennen:

▶ Ein **Satzglied** kann aus einem oder mehreren Wörtern bestehen.

Beispiele

Max schläft. – Mein Freund Max schläft. – Mein bester Freund Max schläft.

▶ Ein **Prädikat** besteht immer aus mindestens einem Verb und gibt Auskunft darüber, was getan wird oder was geschieht.

Beispiele

Es regnet. – Es hat geregnet. – Es muss geregnet haben.

▶ Das **Subjekt** ist (im Aktiv) immer der „Täter" im Satz. Sowohl eine Person als auch eine Sache kann der Handelnde sein.

Beispiele

Die Polizistin jagt den Dieb. – Der Wind weht. – Frieden ist nicht in Sicht.

▶ Das **Objekt** ist (im Aktiv) das „Opfer" einer Handlung, also derjenige/dasjenige, mit dem etwas geschieht.
Es gibt **Dativobjekte** (Wem oder was?), **Akkusativobjekte** (Wen oder was?), **Genitivobjekte** (Wessen?) und **Präpositionalobjekte**. Ein Präpositionalobjekt ist ein Objekt, das mit einer Präposition (z. B. für, mit, ohne) beginnt. Nach diesen Objekten fragst du so: Für wen oder was? Mit wem? Ohne wen oder was?

Beispiele

Der Lehrer vertraut seinem Schüler.	Wem oder was?	Dativobjekt
Theresia umarmt ihren Freund Tim.	Wen oder was?	Akkusativobjekt
Sie erfreut sich bester Gesundheit.	Wessen?	Genitivobjekt
Leo geht mit seinen Freunden aus.	Mit wem oder was?	Präpositionalobjekt

Kompetenz Sprachwissen und Sprachbewusstsein

▶ **Adverbiale** geben z. B. Auskunft über Zeit, Ort, Grund oder Art und Weise.

Wann? – im Herbst	Seit wann? – seit gestern	Wie lange? – drei Tage
Wo? – in der Schule	Wohin? – auf den Tisch	Woher? – aus Wien
Warum? – aus Gier	Wozu? – zur Erholung	Wie? – ohne Angst

Beispiele

Tipp

Satzglieder voneinander abgrenzen
Wenn du einmal unsicher bist, wo die Grenze zwischen zwei Satzgliedern ist, kannst du die **Verschiebe-** oder **Umstellprobe** machen: Wörter, die du als Gruppe zusammen an den Satzanfang stellen kannst, bilden ein Satzglied. Nicht zu diesem Satzglied gehören Wörter, die auf ihrem alten Platz bleiben können, ohne dass sich etwas am Sinn des Satzes ändert.

Hinweis: Das Prädikat lässt sich nicht auf diese Weise feststellen!

Er war nach dem Fußballspiel im Nachbarort sehr müde.
→ „nach dem Fußballspiel im Nachbarort" = ein Satzglied oder zwei Satzglieder?

Beispiel

Verschiebeprobe:
Nicht möglich: *Nach dem Fußballspiel war er im Nachbarort sehr müde.*
Möglich: *Nach dem Fußballspiel im Nachbarort war er sehr müde.*

→ Obwohl diese Wortgruppe neben einer Zeitangabe auch noch eine Ortsangabe enthält, bildet sie nur ein Satzglied.

Aufgaben

1. Ergänze in den folgenden Satzbildern jeweils so viele Satzglieder, dass ein sinnvoller Satz entsteht. Du musst nicht immer alle Felder ausfüllen.

   [ ] — holt — [ ] — [ ]
   [ ] — verstaut — [ ] — [ ]
   [ ] — berät — [ ] — [ ]
   [ ] — wohnt — [ ] — [ ]
   [ ] — schreibt — [ ] — [ ]
   [ ] — verdient — [ ] — [ ]
   [ ] — bringt — [ ] — [ ]

Übung 32

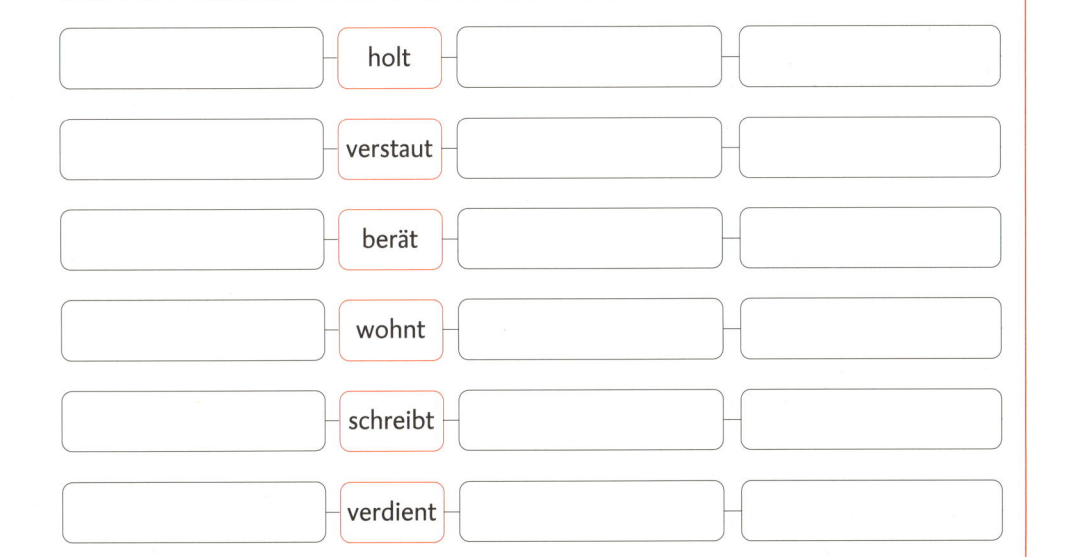

2. Füge nun bei jedem der obigen Sätze ein Adverbial hinzu. Du kannst dazu die Reihenfolge der Satzglieder ändern (→ Heft).

Kompetenz Sprachwissen und Sprachbewusstsein

Übung 33 Lies den folgenden Text und bearbeite anschließend die zugehörigen Aufgaben.

Roboterfrau Grace hat viele Talente

Grace kann mithilfe eines Sprachprogramms Leute ansprechen.
Sie fragt sie mit ihrer blechernen Stimme nach dem Weg.
Sie bekommt dann von ihnen ihre Anweisungen.
Die Roboterfrau läuft danach gleich los.
Grace geht sehr schnell zum gewünschten Zielort.
Sie gewann mit ihrer Schnelligkeit vor einiger Zeit einen Preis in einem Roboterwettbewerb.
Alle Roboter mussten dort ihre Leistungen zeigen.
Grace bewältigte alle Anforderungen in kürzester Zeit mit erstaunlicher Leichtigkeit:
Sie fand im Gebäude ihren Weg zur Anmeldung.
Sie nahm dort ohne Zögern ihr kleines Namensschild.
Grace lief danach in den großen Versammlungsraum.
Sie hielt dort über sich selbst einen Vortrag.

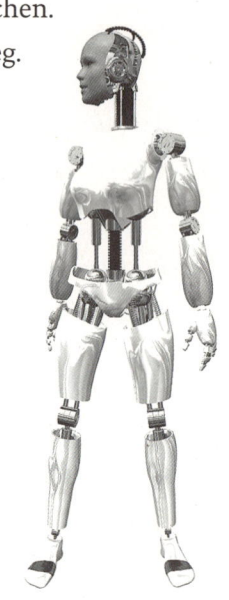

Aufgaben

1. Unterteile alle Sätze in Satzglieder. Trenne sie durch | voneinander.

2. Streiche nun möglichst viele Satzglieder weg. Der Sinn kann sich ruhig etwas ändern – aber grammatisch sollen die Sätze vollständig bleiben.

3. Bestimme im folgenden Satz alle Satzglieder.

   Grace — bewältigte — problemlos — alle Aufgaben — in kürzester Zeit.

   a) Verschiebe nun die Satzglieder und notiere drei mögliche Aussagesätze, die grammatisch korrekt sind.

   _____
   _____
   _____
   _____

   b) Lies nun jeden deiner Sätze laut vor. Überlege, welches Wort im Satz besonders betont wird. Leite daraus eine Regel ab, indem du eine Zahl in die Lücke einträgst.

   Eine besondere Betonung liegt stets auf dem Satzglied, das auf Position ____ steht.

8.3 Satzreihe und Satzgefüge unterscheiden

Besteht ein Satz aus mehreren **Teilsätzen**, dann handelt es sich um einen **zusammengesetzten Satz**. Man unterscheidet zwei Formen des zusammengesetzten Satzes: die Satzreihe und das Satzgefüge.

Satzreihe

Eine Satzreihe besteht aus zwei oder mehr Hauptsätzen:

Hauptsatz + Hauptsatz = Satzreihe

Um feststellen zu können, ob eine Satzreihe vorliegt, musst du wissen, woran du einen Hauptsatz erkennst.

> **Tipp**
>
> **Hauptsätze erkennen**
> Ein Hauptsatz ist ein Satz, der für sich **alleine** steht oder stehen könnte. Hauptsätze geben Aussagen, Fragen oder Aufforderungen wieder.
> Einen Hauptsatz erkennst du daran, dass das **gebeugte** Verb am Satzanfang steht, nämlich als **1.** oder **2. Satzglied**.

Hinweis: Konjunktionen sind **keine** Satzglieder. Du darfst sie nicht mitzählen!

Max | gratuliert | Anne | zu ihrem Geburtstag | und | er | überreicht | ihr | ein Geschenk.

      Hauptsatz 1   Konjunktion   Hauptsatz 2

                     Satzreihe

Beispiel

Bei **einteiligen Prädikaten** entspricht das gebeugte Verb dem Prädikat.

Ahmed hat einen neuen Fußball.

→ *hat* ist das gebeugte Verb und bildet das einteilige Prädikat des Satzes.

Besteht ein Prädikat aus **mehreren Verben**, musst du nach dem Verb suchen, das durch eine **Personalendung** gekennzeichnet ist.

Er hat den Fußball von seinem Taschengeld gekauft.

→ *hat* ist das gebeugte Verb und bildet den ersten Teil des Prädikats.
→ *gekauft* ist der zweite Teil des Prädikats.

> **Tipp**
>
> **Das gebeugte Verb ermitteln**
> Fällt es dir schwer, das Verb mit der Personalendung zu erkennen, setzt du das **Subjekt** in die **Einzahl** (oder in die **Mehrzahl**, wenn es in der Einzahl vorliegt). Das **gebeugte Verb** ist dann das Verb, welches sich dadurch **ändert**.

Ahmeds Freunde wollen mit dem Fußball spielen.

→ Subjekt in den Singular setzen: *Jonas will mit dem Fußball spielen.*
→ Folgerung: *wollen* ist das gebeugte Verb und der erste Teil des Prädikats.

Übung 34 In den folgenden Sätzen ist das Prädikat mehrteilig. Unterstreiche alle Prädikatsteile. Markiere dann das gebeugte Verb durch eine zweite Unterstreichung.

a) Natascha will in den Sommerferien nach Berlin reisen.
b) Dort wird sie ihre Freundin Miriam besuchen.
c) Die beiden möchten am Ku'damm einkaufen gehen.
d) Miriam soll ihre Freundin in die neuesten Geschäfte führen.
e) Sie kann Natascha dort die aktuellen Trends zeigen.
f) Die beiden dürfen abends mit Freunden ausgehen.
g) Sie werden viel zusammen unternehmen.

In einer Satzreihe werden die Hauptsätze durch **Satzzeichen** (**,** **;**) voneinander getrennt. Sind die Hauptsätze durch die Konjunktionen **und** bzw. **oder** verbunden, kannst du ein Komma setzen – du musst aber nicht.

Beispiele
Die Straße wird stark befahren, *der Teer zeigt an vielen Stellen Risse.*
Die Sonne scheint(,) und ein warmer Wind streicht durch die Bäume.

Tipp

> **Satzreihen erkennen**
> Um zu prüfen, ob du es mit einer Satzreihe zu tun hast, setzt du einen **Punkt** zwischen die beiden **Teilsätze** und **entfernst** gegebenenfalls **Konjunktionen** zwischen ihnen. Erhältst du dadurch zwei vollständige Hauptsätze, liegt eine Satzreihe vor.

Hinweis: Bei dieser Probe darfst du die Reihenfolge der Wörter nicht ändern!

Beispiel
Die Sonne scheint ~~und~~ ein warmer Wind streicht durch die Bäume.
Die Sonne scheint. Ein warmer Wind streicht durch die Bäume.

Beim Schreiben von eigenen Texten solltest du darauf achten, dass du Hauptsätze nicht zusammenhanglos aufeinanderfolgen lässt. Sonst wirkt dein Text sehr kühl und abgehackt. **Zusammenhänge** zwischen den einzelnen Hauptsätzen kannst du durch **Adverbien** oder **nebenordnende Konjunktionen** aufzeigen.

Beispiele
▶ Adverbien: *außerdem, zudem, jedoch, trotzdem, stattdessen, folglich, deshalb, hier, dort, häufig, danach, leider, vielleicht, sonst, andernfalls*

▶ Nebenordnende Konjunktionen: *und, sowie, oder, aber, denn*

Übung 35 Verbinde die folgenden Satzpaare jeweils durch die Konjunktion, die in Klammern steht. Notiere zu jeder Satzreihe, was durch die Konjunktion zum Ausdruck kommt: eine Aufzählung, eine Begründung oder ein Gegensatz.

a) Es regnet im Moment sehr stark. Ich muss leider noch einkaufen. (aber)

_____

_____

_____

b) Ich habe keine Kartoffeln zu Hause. Zwiebeln fehlen mir auch noch. (und)

_____

_____

c) Ich will etwas Leckeres kochen. Meine Gäste sollen sich wohlfühlen. (denn)

_____

_____

_____

Satzgefüge

Ein Satzgefüge besteht aus mindestens einem Hauptsatz und einem Nebensatz:

Hauptsatz + Nebensatz = Satzgefüge

> **Nebensätze erkennen**
> Den Nebensatz in einem Satzgefüge erkennst du daran, dass er **nicht alleine** stehen kann (ohne dass du die Reihenfolge der Wörter änderst). Zudem steht in den meisten Nebensätzen das **gebeugte** Verb am **Ende**. Nebensätze werden oft (aber nicht immer) durch **unterordnende Konjunktionen** eingeleitet.

Tipp

Max | überreicht | Anne | ein Geschenk, | weil | sie | Geburtstag | hat.

Hauptsatz — unterordnende Konjunktion — Nebensatz

Satzgefüge

Beispiel

Der Nebensatz kann innerhalb eines Satzgefüges **drei Positionen** einnehmen:

Baupläne für Satzgefüge	
HS , NS	Der Nebensatz **folgt** dem Hauptsatz, von dem er durch ein Komma abgetrennt ist.
NS , HS	Der Nebensatz **geht** dem Hauptsatz **voran** und wird durch ein Komma abgetrennt.
HS , NS , HS	Der Nebensatz ist in den Hauptsatz **eingeschoben**. Er wird dann vorne und hinten durch ein Komma vom Hauptsatz abgetrennt.

Auf einen Blick

Hinweis: HS steht für Hauptsatz, NS steht für Nebensatz.

- HS, NS: *Ich weiß nicht, ob ich morgen Zeit für dich habe.*
- NS, HS: *Wenn nichts dazwischenkommt, werde ich mit dir Mathe üben.*
- HS, NS, HS: *Die Aufgaben, die wir lösen müssen, werden nicht schwierig sein.*

Beispiele

Kompetenz Sprachwissen und Sprachbewusstsein

Wenn es möglich ist, solltest du den Nebensatz jeweils durch eine passende **unterordnende Konjunktion** an den Hauptsatz anschließen. Auf diese Weise wird der Sinnzusammenhang klar.

Beispiele

▶ Unterordnende Konjunktionen: *dass, ob, während, solange, sooft, wenn, falls, sofern, statt dass, indem, weil, sodass, damit, obwohl*

Übung 36

Markiere in den folgenden Satzgefügen alle Prädikate. Unterstreiche anschließend jeweils den Nebensatz und trenne ihn durch Komma vom Hauptsatz ab.

a) Ein 81-jähriger Mann und seine 3-jährige Enkelin überlebten am Samstagabend einen Autounfall weil sie einen Hund als Schutzengel bei sich hatten.

b) Der 7-jährige Labrador bewahrte die beiden vor dem Erfrierungstod indem er sie abwechselnd wärmte.

c) So überstanden sie die Nacht ohne Erfrierungen obwohl die Temperaturen deutlich unter dem Gefrierpunkt lagen.

d) Als der nächste Morgen anbrach entdeckte die Polizei das Trio in dem umgestürzten Fahrzeug.

e) Weil er so heldenhaft gewesen war erhielt der Hund einen Orden und eine Extraportion Hundefutter.

f) Man kann annehmen dass sich das Tier mehr über das Hundefutter als über den Orden gefreut hat.

Relativsätze

Eine besondere Art von Nebensatz ist der Relativsatz. Er **bezieht sich** immer **auf etwas zurück**, von dem gerade die Rede war. Du erkennst ihn an zwei Merkmalen:

▶ **Gebeugtes Verb am Satzende:** Relativsätze sind Nebensätze, bei denen das gebeugte Verb immer am Satzende steht.

Beispiel

Wir sollten den Bus nehmen, der um zwanzig nach drei fährt.

        Hauptsatz   Nebensatz (Relativsatz)

▶ **Relativpronomen:** Jeder Relativsatz wird durch ein Relativpronomen (der, die, das, welcher, welche, welches, wer, was) eingeleitet. Dieses Pronomen steht **stellvertretend** für ein Wort oder eine Wortgruppe, von der im Satz zuvor die Rede war.

Beispiel

Wir sollten den Bus nehmen, der um zwanzig nach drei fährt.
        ↓   ↓
   Wortgruppe   Relativpronomen

Kompetenz Sprachwissen und Sprachbewusstsein

Tipp

> **Relativpronomen feststellen**
> Die Pronomen **der**, **die** und **das** müssen **nicht immer Relativpronomen** sein. Sie können auch als Demonstrativpronomen verwendet werden. Im Zweifel erkennst du einen Relativsatz daran, dass das **gebeugte Verb** am **Schluss** steht.

Gestern traf ich einen alten Freund, den ich jahrelang nicht gesehen hatte.
→ gebeugtes Verb am Satzende = Relativsatz

Gestern traf ich einen alten Freund, den hatte ich jahrelang nicht gesehen.
→ gebeugtes Verb an zweiter Stelle = Hauptsatz

Beispiele

Verbinde jeweils den Satz, der in Klammern steht, als Relativsatz mit dem Hauptsatz. Zeige die Grenzen zwischen Haupt- und Relativsatz jeweils durch Komma an. Markiere zusätzlich das gebeugte Verb des Relativsatzes und das Relativpronomen.

Übung 37

a) Eine Frau (Man hatte der Frau einmal die Handtasche gestohlen.) verzichtete seither auf dieses modische Beiwerk.

b) Aus Vorsicht wollte sie die Geldbörse (Sie trug die Geldbörse bei sich.) nur noch eng am Körper tragen.

c) Sie kaufte sich fortan ausschließlich Jacken und Mäntel. (Die Jacken und Mäntel waren auf der Innenseite mit einer Tasche versehen.)

d) Allerdings lösten sich die Nähte der Innentaschen (In die Innentaschen hatte sie ihren Geldbeutel gesteckt.) nach und nach auf.

e) So rutschte ihr die Geldbörse (Sie hatte auf die Geldbörse so sorgsam aufgepasst.) aus der Tasche und fiel zu Boden.

f) Ein freundlicher Mann (Er hatte im Bus hinter der Frau gestanden.) hob sie auf und gab sie ihr zurück.

8.4 Die Wörter „das" und „dass" auseinanderhalten

Fällt es dir auch so schwer, zwischen **das** und **dass** zu unterscheiden? Zum Glück gibt es **klare Merkmale**, an denen man den Unterschied erkennt:

Das Wort **dass** ist immer eine Konjunktion, die einen **Nebensatz** einleitet:

Beispiel: Sie glaubt, *dass* sie ihre Geldbörse verloren hat.

Das Wort **das** kann dreierlei sein:

▸ Als **Artikel** begleitet **das** ein Nomen oder ein Wort, das als Nomen verwendet wird.

Beispiele: *das* Fenster, *das* Laub, *das* Gerät, *das* Hühnerhaus

▸ Als **Relativpronomen** bezieht sich **das** auf etwas zurück, das im zugehörigen Hauptsatz gerade erwähnt wurde.

Beispiel: Das alte Haus, *das* am Ende der Straße steht, wird abgerissen.

▸ Als **Demonstrativpronomen** verweist **das** auf ein Wort, eine Wortgruppe oder sogar auf einen ganzen Satz. Das, wofür das Pronomen steht, findest du in der Regel im Satz davor.

Beispiel: Der Fernseher lässt sich nicht mehr reparieren. *Das* hätte ich dir gleich sagen können.

Tipp

> **Zwischen *das* und *dass* unterscheiden**
> So kannst du ganz leicht herausfinden, ob du **das** oder **dass** schreiben musst:
> - Kannst du es durch **dies(es)**, **jenes** oder **welches** ersetzen, schreibst du **das**.
> - Lässt es sich **nicht ersetzen**, musst du **dass** (= Konjunktion) schreiben.

Hinweis: Bedenke, dass ein Nebensatz, der mit der Konjunktion **dass** beginnt, auch am Anfang eines Satzgefüges stehen kann.

Übung 38

Füge in den folgenden Sätzen entweder die Konjunktion **dass** oder das Relativpronomen **das** ein.

a) Die Verkäuferin ärgert sich noch immer über das Mädchen, _das_ vor einer Stunde in den Laden gekommen ist.

b) Es passiert zwar ab und zu, _dass_ eine Zeitschrift auf den Boden fällt.

c) Die Verkäuferin hat aber nie erlebt, _dass_ ein Kunde ein ganzes Regal umstößt.

d) _Dass_ man so tollpatschig sein kann, hätte sie nicht gedacht.

e) Sie ist wütend über dieses Missgeschick, _das_ ihr so viel Arbeit bereitet hat.

f) Denn sie musste natürlich das ganze Sortiment wieder einräumen, _das_ aus dem Regal gefallen war.

g) _Dass_ das Mädchen ihr dabei nicht helfen wollte, macht sie zusätzlich wütend.

Kompetenz Sprachwissen und Sprachbewusstsein

Übung 39

Entscheide: **das** oder **dass**? Trage anschließend die Wortart (Artikel, Relativpronomen, Demonstrativpronomen oder Konjunktion) in die rechte Spalte ein.

Steckt _das_ Gähnen auch Wellensittiche an?

Gähnt einer, gähnen meist bald alle – _das_ kennt man vom Menschen und von einigen Affenarten. US-Wissenschaftler wollen _das_ Phänomen nun auch bei Wellensittichen beobachtet haben. _____ Gähnen ansteckend ist, gilt außer für Menschen nur für wenige Tierarten wie Schimpansen, Makaken und Paviane. Nun behaupten Forscher, _____ sich auch Wellensittiche von gähnenden Artgenossen anstecken lassen. Die Forscher filmten 21 der kleinen Papageien in einer Voliere. Zwar gähnten die Tiere insgesamt recht selten, doch war die Wahrscheinlichkeit größer, _____ ein Sittich den Schnabel aufriss und Flügel und Beine streckte, wenn unmittelbar zuvor andere Käfiggenossen gegähnt hatten. Nur selten passierte es, _____ ein einzelner Vogel gähnte. Nach Ansicht der Forscher dient ein Gähnen, _____ ansteckend ist, dem Zusammenleben in der Gruppe. Allerdings ist im Fall der Wellensittiche unklar, ob _____ Gähnen verschiedener Vögel, _____ direkt aufeinanderfolgt, nicht bloß auf Zufall beruht. Möglicherweise ist es auch so, _____ die Vögel in der Voliere alle den gleichen Tagesrhythmus haben. Es kann also sein, _____ sie deshalb alle zur gleichen Zeit müde werden.

Quelle: Katrin Blawat: Steckt Gähnen auch Wellensittiche an? 18. 01. 2012. Im Internet unter: http://www.sueddeutsche.de/wissen/verhaltensbiologie-steckt-gaehnen-auch-wellensittiche-an-1.1260679, aus didaktischen Gründen stellenweise geändert und leicht gekürzt.

▶ **Übungsaufgaben im Stil der Abschlussprüfung**

Übungsaufgaben im Stil der Abschlussprüfung
Übungsaufgabe 1

Einkaufen im Supermarkt

Bearbeite die Aufgaben in der vorgegebenen Reihenfolge.
Du kannst ein Wörterbuch benutzen.
Arbeitszeit: 135 Minuten

Text A

Einkaufen früher

1 Einkaufen war früher häufig eine Tour, die zumindest einen Bäcker- einen Metzger- und einen Tante-Emma-Laden umfasste. Natürlich ging man zu Fuß mit Einkaufstaschen oder -netzen. Plastiktüten gab es selbstverständlich noch nicht. Diese Läden waren meist Familienbetriebe, die auch den Familiennamen trugen und die manchmal schon meh-
5 rere Generationen bestanden. Sie verschwanden, wenn die Besitzer starben oder altersbedingt aufhören mussten und keine Kinder da waren, die den Laden weiterführen wollten oder konnten (und später, als sie von den Supermärkten übernommen oder verdrängt wurden). Verkäufer und Kunden kannten sich und so wurde nicht nur bedient und beraten, es gab immer auch eine kürzere oder längere Unterhaltung (mit den
10 typischen nervigen Fragen an den Nachwuchs: „Und was macht die Schule?", „Was willst du denn mal werden?" usw.). Dann traf man natürlich auch noch andere Leute auf dem Einkaufsweg, die man kannte, sodass weitere Unterhaltungspausen eingelegt wurden und so dauerte der Rundgang manchmal mehrere Stunden. Daneben gab es noch Spezialläden wie Drogerien, Elektroartikel, Eisenwaren, Haushaltswaren und einen
15 Laden für Stoffe, Gardinen und Nähzeug, in dem meine Tante sich Stoffe und Schnittmuster für ihre Kleider kaufte. Kurz vor den Weihnachtsfeiertagen gab es Geschenke für die Kunden, Kleinigkeiten wie Gebäck- oder Wurstwaren, Staubtücher, Flaschenöffner usw. Landwirtschaftliche Produkte wie Kartoffeln oder Eier wurden meist noch direkt beim Bauern gekauft. [...]

Quelle: Im Internet unter: http://dwnz.homepage.t-online.de/forum/index.php?page=Thread&threadID=147.

1,5 Punkte

Aufgabe 1

Inwiefern hat sich das Einkaufen früher vom Einkaufen heute unterschieden? Trage in die linke Spalte der Tabelle ein, was damals üblich war. Leite daraus ab, was damals nicht üblich war. Du solltest in jede Spalte drei Dinge eintragen.

Hinweis: Wähle aus dem Text diejenigen Besonderheiten aus, zu denen dir spontan eine Entsprechung aus der heutigen Zeit einfällt.

Das war früher üblich	Das ist heute üblich

Text B

© Frank Speth, Bildhauer und Karikaturist aus Schleswig-Holstein.

Aufgabe 2

Der Großvater und sein Enkel sind in Bezug auf das Einkaufen in der heutigen Zeit unterschiedlicher Meinung. Stelle die Meinung eines jeden mit einem vollständigen Satz dar.

Der Großvater meint, dass _____

Der Enkel meint, dass _____

Text C

Einkaufen als Erlebnis: Der Super-Markt der Zukunft

1 Man lässt sich Zeit in diesem Markt. Hektik wäre fehl am Platze. Stattdessen Wohlfühlatmosphäre, gedämpftes Licht, Holz und Steine an der Wand, Schiefer auf dem Boden. Großzügige Bedientheken, dazwischen eine Bank zum Ausruhen. Neben den Weinregalen aus Holz lenkt die Kinderecke den Nachwuchs ab und verschafft den Eltern Zeit,
5 in Ruhe den Wein fürs Abendessen auszusuchen. Es sei denn, die Familie kehrt gleich hier ein [...] und nimmt einen Snack im ladeneigenen Bistro. Essen, shoppen, chillen – in den Supermärkten der neuen Generation geht all das unter einem Dach. [...]

[...] Überall in der Republik entstehen neue Märkte, die schicker, aufregender oder gemütlicher sind, als man das von den herkömmlichen Supermärkten gewohnt war.
10 Allen voran die beiden Großen der Branche. 1,6 Milliarden Euro investierte Deutschlands größte Handelskette Edeka, zu der auch der Discounter Netto gehört, im vergangenen Jahr in die Erweiterung und Modernisierung seiner Handelsinfrastruktur[1] und macht in diesem Jahr munter weiter. 200 neue Märkte sind für 2014 geplant [...].

Die Rückkehr der Tante-Emma-Läden

15 Auch Rewe, deutschlandweit die Nummer zwei, plant Expansionen[2]. 1,5 Milliarden Euro haben die Kölner, die auch den Discounter Penny zu ihrer Gruppe zählen, europaweit in ihre Läden gesteckt, rund die Hälfte davon hat Rewe-Chef Alain Caparros in Deutschland ausgegeben. Mit dem Geld will der Manager, der seit 2006 an der Konzernspitze steht, Orte schaffen, die die Menschen „lieben wie früher den Marktplatz". Fünf
20 „Temma"-Filialen[3] hat er dazu eröffnet, Bio-Märkte, in denen Supermarkt, Gastronomie und Treffpunkte wie auf einem Marktplatz miteinander verbunden werden sollen. [...]

Kaufen wird immer mehr zum Event. Je länger die Kunden im Markt bleiben, desto voller wird der Einkaufskorb. Und je freundlicher das Fachpersonal an der Fleischtheke, desto mehr ist der Verbraucher gewillt, die empfohlenen Rezepte und Zutaten zu Hause
25 auszuprobieren. Handelsexperten stellen Kaufleuten, die ihre Läden aufhübschen wollen, Umsatzsteigerungen von bis zu 40 Prozent in Aussicht. Selbst die Discounter lassen jetzt Licht und Farbe in ihre Märkte. Aldi, Penny und Netto – sie alle renovieren ihre Läden peu à peu[4], rücken Obst und Gemüse ins rechte Licht, strahlen Backwaren an oder stellen ihre Regale nicht mehr längs, sondern quer auf. Das sorgt für Gemütlichkeit.

---

1 *Handelsinfrastruktur:* gemeint: die Art und Weise, wie die Waren im Supermarkt angeboten werden

2 *Expansion:* Ausweitung, Vergrößerung

3 *Temma-Filiale:* ein Supermarkt, der eine Mischung aus Bioladen, Marktstand, Bäckerei und Café ist. Der Name „Temma" erinnert an die früheren Tante-Emma-Läden.

4 *peu à peu:* nach und nach

30 In Frankfurt hat Rewe Läden in historischen Straßenbahndepots eröffnet. In München ist ein Basic-Ökosupermarkt entstanden, dessen Sprossenfenster und ausladende Bauweise an eine Kirche erinnern. In Hamburg wollen die Edeka-Kaufleute Herwig Holst und Jörg Meyer in der Nähe des St.-Pauli-Stadions ein großes Center in einer einstigen Rindermarkthalle eröffnen – mit Wochenmarktflair, Gastronomie und Ausstellungen
35 von Künstlern. Selbst die dort ansässige Moschee soll integriert werden. [...]

Quelle: Der Tagesspiegel vom 05. 01. 2014: Maris Hubschmid, Heike Jahberg: Einkaufen als Erlebnis: Der Super-Markt der Zukunft. Im Internet unter: http://www.tagesspiegel.de/wirtschaft/einkaufen-als-erlebnis-der-super-markt-der-zukunft/9288012.html.

Aufgabe 3

Welche Aussagen lassen sich aus Text C entnehmen und welche nicht?
Kreuze entsprechend an.

Aussagen

		richtig	falsch
a)	Einkaufen wird immer mehr zum Event.	☐	☐
b)	Die großen Handelsketten wollen überall in Deutschland neue Supermärkte eröffnen.	☐	☐
c)	Viele Supermärkte sind inzwischen renovierungsbedürftig.	☐	☐
d)	Die Supermärkte sollen möglichst gemütlich werden.	☐	☐
e)	Das Sortiment soll bewusst an die Bedürfnisse der Kunden angepasst werden.	☐	☐
f)	Es wird in Zukunft wieder Tante-Emma-Läden geben.	☐	☐

Aufgabe 4

„Je länger die Kunden im Markt bleiben, desto voller wird der Einkaufskorb." (Z. 22/23) Erkläre den Sinn dieser Aussage.

Text D

Aus einer Studie der Gesellschaft für Konsumforschung (GfK):

Frauen macht Einkaufen mehr Spaß als Männern und der Unterschied vergrößert sich eher noch

Jahr 2000
- Männer: 51 % Einkaufen ist lästig / 49 % Einkaufen macht Spaß
- Frauen: 25 % Einkaufen ist lästig / 75 % Einkaufen macht Spaß

Jahr 2010
- Männer: 60 % Einkaufen ist lästig / 40 % Einkaufen macht Spaß
- Frauen: 29 % Einkaufen ist lästig / 71 % Einkaufen macht Spaß

Quelle: GfK Verein, Trendsensor Konsum 2000 und 2010: Stichprobenumfang je 2 000 Personen repräsentativ; www.gfk-compact.com.

1 Punkt

Aufgabe 5

Welche Zahlen haben laut den Informationen des Diagramms zwischen dem Jahr 2000 und dem Jahr 2010 zugenommen (⇧), welche haben abgenommen (⇩)? Kreuze entsprechend an.

	⇧	⇩
a) Männer, die Spaß am Einkaufen haben	☐	☐
b) Männer, die Einkaufen lästig finden	☐	☐
c) Frauen, die Spaß am Einkaufen haben	☐	☐
d) Frauen, die Einkaufen lästig finden	☐	☐

1,5 Punkte

Aufgabe 6

Überprüfe, ob die Aussage, die dem Diagramm vorangestellt ist, zutrifft.

Text E

Auf der Rennstrecke zur Quengelzone

1 [...] Rund 70 Prozent aller Kaufentscheidungen fallen nicht beim Schreiben des Einkaufszettels, sondern erst spontan vor dem Regal im Supermarkt. Fehlender Überblick ist ein Grund dafür, warum man optimistisch ohne Einkaufstasche in das Geschäft geht und mit überladenen, neuen Einkaufstüten wieder herauskommt.

5 „Selbst wenn man mit einem Einkaufszettel losgeht, steht da nie alles drauf – irgendetwas vergisst man immer oder ist sich unsicher, ob man es nicht womöglich doch braucht", sagt Franz-Rudolf Esch, Universitätsprofessor für Markenmanagement an der European Business School für Wirtschaft und Recht in Oestrich-Winkel, „und sicherheitshalber kauft man dann Toilettenpapier und stellt anschließend zu Hause fest, dass
10 man noch zehn Rollen hatte."

Der Konsumentenforscher unterteilt die Spontankäufe in drei Kategorien. Das Toilettenpapier zählt zum Kaufen für die Vorratskammer, ebenso die Kaffeefilter, die gleich neben dem Kaffee stehen und von denen man eigentlich auch nie genug haben kann.

Diese Dinge braucht fast jeder, und wann genau man sie kauft, ist eigentlich egal. Rei-
15 ne Impulskäufe[1] gibt es natürlich auch, als Ausbrechen aus dem normalen Kaufmuster. Und es gibt die suggerierten[2] Impulskäufe: Der Schlankheitsdrink passend zum Sommerbeginn ist da ein Beispiel.

Jeder Supermarkt macht sich Gedanken darüber, wie man dieses manchmal ver-
20 nünftige, manchmal irrationale[3] Kaufverhalten der Besucher bestmöglich unterstützen kann. Los geht es mit einem großen Einkaufswagen, der wenig Inhalt nicht verträgt, sowie einer vorgezeich-
25 neten optimalen Einkaufsstrecke, die den Kunden in bestmöglicher Atmosphäre, mit sanfter Musik und einer optimalen Temperatur von 20 Grad dazu verleitet, den längsten Weg durch den Supermarkt
30 zu nehmen. Denn das bedeutet eine längere Aufenthaltsdauer. Die wiederum ist das entscheidende Kriterium dafür, wie viel gekauft und ausgegeben wird.

Der Einkaufsparcours[4] startet am Ein-
35 gang häufig mit einem Bäcker plus Sitzecke. Dann duftet es lecker nach frischen Brötchen, was, so erklärt Franz-Rudolf Esch, den Umsatz deutlich steigen lässt. Ein anderer Trick: Mit einer günstigen
40 Bockwurst im Eingangsbereich werden die Märkte ihre unliebsame Kundschaft los: die Männer. Denn die ruinieren den Umsatz, besonders dann, wenn sie zusammen mit einer Frau einkaufen gehen. Einer Studie zufolge bleiben Frauen in männlicher Begleitung nur halb so lange im Supermarkt und kaufen dann auch nur halb so viel wie sonst.

45 Drinnen angekommen, geht es immer an den Außenwänden die sogenannte Rennstrecke entlang. Als Rechtshänder laufen die meisten gern links herum, weil sie so schnell zugreifen können. Gelegentliche Abstecher in die Marktmitte werden deshalb provoziert, indem dort günstigere Waren des täglichen Bedarfs gestellt werden.

Sehr gerne werden auch Aufsteller benutzt, die mit großen Werbegesichtern Aufmerksamkeit
50 auf sich ziehen. Produkte mit Gesichtern werden häufiger angesehen, po-

---

1 *Impulskauf: ein anderes Wort für „Spontankauf" (Impuls = spontane Regung)*

2 *suggerieren: einreden, aufschwatzen*

3 *irrational: unüberlegt, unvernünftig*

4 *Parcours: Rundgang*

sitiver eingeschätzt und besser erinnert. Und auch die Regale selbst sind bestens durchdacht: Weil Kunden sie wie ein Buch von links nach rechts scannen, stehen die teureren Produkte eher dort, wo der Blick ganz zuletzt hinfällt.

Natürlich sind Waren in Blick- und Greifhöhe häufig kostspieliger als jene, die mehr
55 Körpereinsatz fordern. Gern wird auch neben einem preiswerten und einem teuren Produkt noch ein sehr teures platziert. Dadurch erscheint das teure Produkt plötzlich als relativ kostengünstig.

Boden bremst den Einkaufswagen
Ein leicht unebener Fußbodenbelag bremst den Einkaufswagen in der Obst- und Ge-
60 müseabteilung und vermittelt, ohne dass es bewusst wird, die Gemütlichkeit und Natürlichkeit eines Dorfmarktes. [...] Wenn zum unebenen Boden Körbe statt Kisten, passende Farben mit Lichtakzenten, Fotos und Spiegel dazukommen, die allesamt Frische und Natürlichkeit vermitteln, wird schnell ein altes Konzept in uns aktiv, das Vertrauen und Qualität signalisiert [...].

65 Macht man sich also auf zur Sektion[5] „Dorfmarkt", um wie immer die Milch zu holen – die übrigens wie viele Produkte des täglichen Bedarfs, als sogenannte Schnelldreher bezeichnet, oft weit hinten im Laden liegt, um die Wegstrecke zu verlängern –, dann dauert es weniger als vier Sekunden, um aus 16 Produkten die Milch auszuwählen. [...] Und tatsächlich spart es ja auch ganz einfach Zeit und Mühe, immer wieder nach der
70 gleichen Milch zu greifen. [...]

Rabatte werden nicht hinterfragt
Eines der Prinzipien, die unser Gehirn durch die Erfahrung nicht mehr hinterfragt, sind Rabatte. Das Gehirn liebt Preisnachlässe und Gratiszugaben, wie Studien eindeutig belegen. Vermutlich, so Esch, hängt das noch mit dem Jagdtrieb zusammen: „Ein richtig gu-
75 tes Schnäppchen kann bei manchen Menschen wirklich riesige Freude auslösen."

Ähnlich erfreulich sind Kombistände oder „Drei für zwei"-Angebote, die wie die Rabattständer gern mittig zwischen den Regalen platziert werden, denn so kann man keine Preise vergleichen. Kombistände bieten die passende Soße zu den Nudeln und den perfekten Wein und Käse gleich dazu – auch das entlastet das Gehirn.

80 Die beschränkte Kapazität[6] der grauen Zellen[7] macht sich auch die „Quengelzone" vor den Kassen zunutze, in der fünf Prozent des gesamten Umsatzes erwirtschaftet werden. Wer glaubt, dass hier nur Kinder schwach werden, hat zu viel Vertrauen in die menschliche Willenskraft. Fakt ist: Nach der langen Runde durch die Gänge und die vielen Entscheidungen gegen Produkte, die nicht wirklich gebraucht werden, ermüdet die
85 Vernunft. [...] Und schließlich kann man Batterien, Feuerzeuge oder Kaugummis immer gebrauchen, oder? [...]

Quelle: Berliner Morgenpost vom 21.05.2012: Fanny Jiménez: Auf der Rennstrecke zur Quengelzone. Im Internet unter: http://www.morgenpost.de/printarchiv/wissen/article106348260/Auf-der-Rennstrecke-zur-Quengelzone.html. Aus didaktischen Gründen leicht geändert.

5 Sektion: Abteilung

6 Kapazität: Aufnahmefähigkeit

7 graue Zellen: gemeint: die Gehirnzellen, der Verstand

1 Punkt

Aufgabe 7

Erkläre, was ein Spontankauf ist. Verwende den gegebenen Satzanfang.

Ein Spontankauf ist ein Kauf, der _____

Aufgabe 8

Warum gibt es in einigen Supermärkten billige Bockwürste im Eingangsbereich? Erkläre, was damit erreicht werden soll.

_____

_____

_____

1 Punkt

Aufgabe 9

Erkläre, was man sich unter der „Quengelzone" vorstellen muss.

_____

_____

_____

1,5 Punkte

Aufgabe 10

Ordne die Gedanken der Kunden den entsprechenden Verführungskünsten der Supermärkte zu.

A Rabatte verführen zum Kauf.

B Durch den Einsatz von Licht, Farben und Spiegeln sehen die Produkte gut und frisch aus.

C Neben Produkten zu höheren Preisen stehen gleichartige Produkte, die noch deutlich teurer sind. So sollen die Kunden höhere Preise in Kauf nehmen.

D Waren des täglichen Bedarfs werden ganz am Ende platziert, damit die Kunden durch den ganzen Supermarkt laufen müssen.

Annegret S.:
> Die Äpfel sehen ja so frisch aus. Da nehme ich ein Kilo mit. Das ist gesund für die Kinder. ☐

Miriam A.:
> Nimm drei, zahl zwei! Nicht schlecht. Shampoo braucht man ja immer. ☐

Max D.:
> Meine Güte, wo steht denn die Milch? Da muss man erst durch den ganzen Markt laufen, um sie zu finden! ☐

Thorsten H.:
> 7 Euro 99 ist ganz schön teuer für eine Flasche Wein. Na ja, es gibt auch welche, die noch viel teurer sind. Und den ganz billigen nehme ich natürlich nicht... ☐

2 Punkte

Übungsaufgabe 1

25 Punkte

Aufgabe 11

Du hast ein Praktikum in einem Supermarkt gemacht. In dieser Zeit hast du verstanden, auf welche Weise die Kunden dort zu Spontankäufen verführt werden. Deine Erfahrungen möchtest du anderen mitteilen; deshalb schreibst du einen entsprechenden Beitrag für eine Verbraucherseite im Internet. Überlege dir für deinen Text eine passende Überschrift.

Gehe so vor:
- Nenne zunächst den Anlass, der dich dazu bewegt, den Text zu schreiben.
- Informiere die Verbraucher anschließend über die Tricks der Supermärkte.
- Erkläre ihnen danach, wie sie es am besten schaffen, den Verführungskünsten der Supermärkte zu widerstehen.

Verwende alle vorliegenden Texte.

Beachte, dass der Text mindestens 150 Wörter umfassen muss, er kann jedoch auch länger sein. Schreibe in vollständigen Sätzen. Achte auch auf die Sprache und die Rechtschreibung. Beides geht mit in die Bewertung ein.

Übungsaufgaben im Stil der Abschlussprüfung
Übungsaufgabe 2

Rituale

Bearbeite die Aufgaben in der vorgegebenen Reihenfolge.
Du kannst ein Wörterbuch benutzen.
Arbeitszeit: 135 Minuten

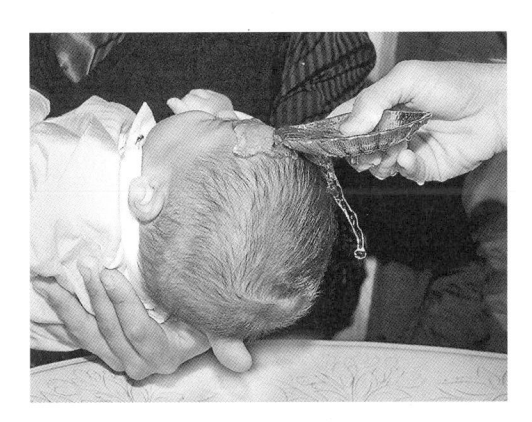

Text A

Was haben die Eier mit Ostern zu tun?

1 Es gibt manche Frage, die hat man sich irgendwann abgewöhnt zu stellen. Was hat ein Tannenbaum mit Weihnachten zu tun? Warum gibt es an Ostern Eier? Und was bedeuten die leuchtenden Kürbisse an Halloween? Bei der Ruprecht-Karls-Kinder-Uni sind solche Fragen nicht nervend, sondern ausdrücklich erwünscht. Schließlich lautet der
5 Titel der Vorlesung von Professor Gregor Ahn „Süßes oder Saures, über Halloween und andere Rituale".

Der Mann kennt sich da nämlich aus, schließlich ist er nicht nur Religionswissenschaftler, sondern forscht seit etlichen Jahren schon über Rituale und wie die sich im Lauf der Zeiten verändern. Ein spannendes Thema, das knapp 200 Jungen und Mädchen
10 in den großen Hörsaal der Chemie lockte. Das Wort „Rituale" stammt laut Lexikon aus dem Lateinischen und bezeichnet ein Vorgehen nach einer festgelegten Ordnung. Was unterscheidet aber ein Fest vom Zähneputzen, das ja auch mehr oder weniger regelmäßig passiert? „Das eine macht Spaß und das andere nicht", kommt es von den Kindern wie aus der Pistole geschossen. Ganz so einfach ist das nicht, aber sie landen damit
15 schon mittendrin in dem Forschungszweig, mit dem sich Gregor Ahn und sein Team seit mehr als zwei Jahren beschäftigen.

Die Wiederholung allein genügt nämlich nicht, um aus dem Zähneputzen oder Schuhebinden ein Ritual zu machen. Dazu muss schon noch ein bestimmter Rahmen und eine Bedeutung hinzukommen, die einem Handeln beigemessen wird. Beten ist
20 also ein Ritual oder das Feiern der Mittsommernacht. „Ein Ritual wird in regelmäßigen Abständen wiederholt, aber nicht alles, was wiederholt wird, ist ein Ritual", beschreibt das der Forscher. Allerdings, das gibt er zu, ist es gar nicht einfach zu sagen, wann ein Ritual anfängt und wann es endet. Dass es aber einen Anfang und ein Ende hat und Weihnachten zum Beispiel aus vielen kleinen Ritualen besteht, das ist sicher.

25 Wie ein Fest begangen wird, das unterscheidet sich nicht nur von Land zu Land, sondern auch von Zeit zu Zeit. Manchmal entsteht auch eine Mischung von ganz verschiedenen Dingen. So ist Ostern nicht nur
30 das Andenken daran, dass Jesus Christus von den Toten auferstanden ist, sondern vermischt sich mit Frühlingsfesten, die den Hasen und die Eier als Zeichen einer wiedererwachten Natur und der Fruchtbarkeit mit
35 eingebracht haben. Wie ist das nun aber mit Halloween, das in der Nacht vom 31. Oktober auf den 1. November gefeiert wird? Ursprünglich war der schaurig-spukige Zauber ja in den Vereinigten Staaten von Amerika daheim, seit rund zehn Jahren ist er aber auch
40 nach Europa geschwappt. Da kommt er sogar ursprünglich her. Die Kelten[1] hatten dieses Fest zum Winteranfang eingeführt und glaubten, dass in jener Nacht die Toten als Geister und Schattengespenster wiederkommen und die Lebenden in Angst und Schrecken versetzen würden.

Damit das nicht passiert und die Gespenster ihrerseits Angst bekommen, zogen sie
45 sich selbst fürchterliche Kostüme an, setzten Masken auf und zogen randalierend durch die Dörfer. [...]

Quelle: Andrea Liebers, Stefan Kresin: Was haben die Eier mit Ostern zu tun? Im Internet unter: http://www.kinder-hd-uni.de/rituale/ritu1.html.

---

1 *Kelten: Volksgruppen indogermanischen Ursprungs, die durch eine ähnliche Kultur miteinander verbunden waren. Sie siedelten sich ab dem 6. Jahrhundert v. Chr. in Mitteleuropa an, bevor sie von den Römern geschlagen und verdrängt wurden.*

Aufgabe 1

„Ein Ritual wird in regelmäßigen Abständen wiederholt, aber nicht alles, was wiederholt wird, ist ein Ritual" (Z. 20/21), sagt der Forscher. Erkläre, wodurch etwas, das wiederholt wird, zum Ritual wird.

1 Punkt

Aufgabe 2

Nenne zwei Beispiele für ein Ritual.

1 Punkt

Aufgabe 3

Erkläre, warum Halloween als Ritual angesehen werden kann.

2 Punkte

Text B

Rituale in der Familie

1 Für Kinder ist das Erleben von Ritualen, das heißt immer wiederkehrenden Regeln und Handlungen, eine wesentliche Voraussetzung für ihre emotionale Entwicklung. Denn regelmäßig Wiederkehrendes gibt uns Sicherheit, Kraft und Orientierung.

Wichtig ist, Familienrituale einzuführen und konsequent durchzuhalten. In der Regel
5 sind Kinder begeistert von solchen Ritualen, weil sie geradezu „handgreiflich" die Routine des Alltags unterbrechen und die Kommunikation zwischen Eltern und Kindern intensivieren.

Rituale können ganz kleine Handlungen oder große Feierlichkeiten sein. Sie können beispielsweise kalenderbezogen ein bestimmtes Ereignis, den Übergang von einer Le-
10 bensphase in eine andere markieren oder als Alltagsrituale das tägliche Leben gestalten.

Das Vorlesen einer Gutenachtgeschichte, der gemeinsame Spieleabend am Mittwoch oder auch das gemeinsame Schmücken des Weihnachtsbaumes, all dies sind Rituale, die den Zusammenhalt der Familie stärken können. Durch das gemeinsame Erleben fördern Rituale das Gefühl der Zusammengehörigkeit und stärken den Einzelnen in seiner Iden-
15 tität und damit auch das „Urvertrauen" als das Gefühl, nicht fallen gelassen zu werden.

Familienrituale verlangen von jedem Einzelnen, seinen Platz und seine Rolle zu finden, geben jedem eine Aufgabe: Nur durch das Zusammenspiel aller entwickeln sich die gemeinsamen Handlungen zu einem Ritual – auch dies gibt Kindern die Möglichkeit, ihren eigenen Wert zu erkennen und zu schätzen. Sie trainieren im sicheren Umfeld der
20 Familie eigenes und verantwortungsvolles Handeln für eine Gemeinschaft.

Eltern sollten sich dabei nicht unnatürlich überschlagen oder verbiegen. Eine gemeinsame „Kultur" oder die in der Familie üblichen Rituale stellen sich meist ganz von selbst und mit der Zeit ein. Die Familie sollte gemeinsam daran arbeiten, niemand erwartet von

Übungsaufgabe 2

1 *parat: fertig vorbereitet*

Eltern, dass sie bereits alles „parat"[1] haben, wenn die Kinder kommen. Es stärkt den Verbund umso mehr, wenn alle Familienmitglieder gemeinsam am Familienleben formen können.

Dass sich Rituale im Laufe der Zeit ändern, kommt ganz natürlich mit der Veränderung innerhalb der Familie. Was Kleinkindern wichtig ist, etwa die Gutenachtgeschichte, spielt für Heranwachsende keine Rolle mehr. Stattdessen entwickeln sich neue Alltagsrituale, verändern sich und werden dann wieder abgelöst. Familienrituale dürfen nicht zu einer Verpflichtung werden, auf die Sie als Eltern beharren. Anders als bei Alltagsritualen schätzen es aber viele Kinder, auch die erwachsenen, wenn bei Ritualen wie Festen oder Feierlichkeiten der gewohnte Ablauf gewahrt bleibt.

Quelle: Albert Biesinger: Rituale in der Familie. Im Internet unter: http://www.familien-wegweiser.de/wegweiser/stichwortverzeichnis,did=125794.html. Aus didaktischen Gründen stellenweise leicht verändert.

4 Punkte

Aufgabe 4

Welche der folgenden Aussagen lassen sich dem Text entnehmen und welche nicht? Kreuze entsprechend an.

Aussagen	richtig	falsch
a) Rituale können kleine Alltagshandlungen sein.	☐	☐
b) Der Text richtet sich an Eltern und Kinder.	☐	☐
c) Kinder mögen Rituale.	☐	☐
d) Rituale können ein bestimmtes Ereignis markieren.	☐	☐
e) Eltern sollten die Rituale für ihre Kinder festlegen.	☐	☐
f) Jedes Familienmitglied beteiligt sich an den Ritualen.	☐	☐
g) Innerhalb einer Familie bleiben die Rituale immer gleich.	☐	☐
h) Auch ältere Kinder schätzen Rituale an Festtagen.	☐	☐

Text C

Rituale und feste Zeiten für Gespräche mit den Kindern

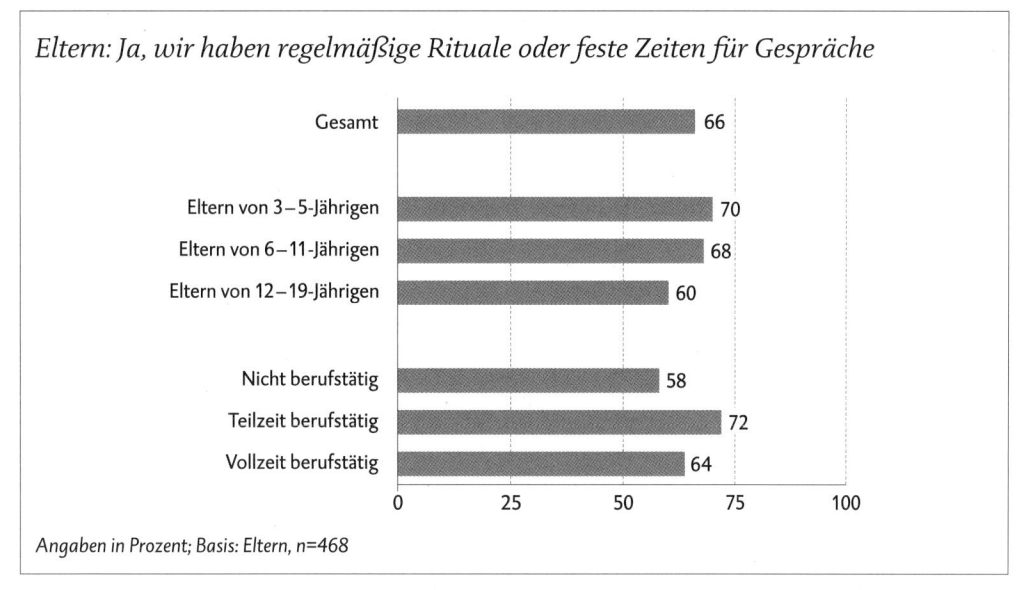

Eltern: Ja, wir haben regelmäßige Rituale oder feste Zeiten für Gespräche

Kategorie	Prozent
Gesamt	66
Eltern von 3–5-Jährigen	70
Eltern von 6–11-Jährigen	68
Eltern von 12–19-Jährigen	60
Nicht berufstätig	58
Teilzeit berufstätig	72
Vollzeit berufstätig	64

Angaben in Prozent; Basis: Eltern, n=468

Quelle: Medienpädagogischer Forschungsverband Südwest (mpfs): Walter Klingler, Ulrike Karg, Lena Ebert, Thomas Rathgeb, FIM-Studie 2011, S. 30.

Aufgabe 5

Vervollständige die angefangenen Sätze so, dass sie zum Diagramm passen.

Je jünger die Kinder sind, desto _____

_____

Eltern, die in Teilzeit arbeiten, _____

_____

Aufgabe 6

Finde eine Erklärung dafür, dass Familien mit nicht berufstätigen Eltern seltener regelmäßige Rituale oder feste Zeiten für Gespräche haben.

_____

_____

1 Punkt

2 Punkte

Text D

Rituale im Unterricht

1 Rituale sind Handlungen bzw. Zeremonien, die nach einem festen Schema ablaufen und regelmäßig wiederholt bzw. durchgeführt werden. Sie sind uns vor allem aus politischen oder religiösen Zusammenhängen bekannt, doch eigentlich begegnen uns überall im Alltag Rituale, wie etwa das gemeinsame Abendessen mit der Familie oder die Gutenacht-
5 geschichte, auf die nicht verzichtet werden darf. Auch im Unterricht kommen Rituale zum Einsatz.

Andreas Helmke[1] grenzt Rituale von Regeln (Normen) und Routinen (= bestimmten Verhaltensweisen in wiederkehrenden Situationen) ab, wobei er darauf hinweist, dass die Abgrenzung nicht immer ganz klar ist. Helmke nennt verschiedene Situationen, in
10 denen der Einsatz von Ritualen sinnvoll ist, z. B. den Stundenbeginn oder das Stundenende, im Rahmen eines Morgen- oder Wochenabschlusskreises oder schon vor Schulbeginn am Morgen.

Rituale können in Form von Gesprächsrunden oder einer speziellen, wiederkehrenden Begrüßung/Verabschiedung (z. B. Händeschütteln, mehrsprachige Formel) ablau-
15 fen. Aber auch eine gemeinsame Entspannungsübung im Unterricht kann ein Ritual sein.

Rituale können verschiedene Wirkungen entfalten:
- Sie geben Halt und Struktur im Stunden- bzw. Tagesablauf und sorgen so für Orientierung bei Schülerinnen und Schülern.
20 - Sie können den Zusammenhalt der Klassengemeinschaft unterstützen.
- Sie können die Konzentration auf den beginnenden Unterricht (bei Stundenbeginn) sowie den gedanklichen Abschluss des Getanen und Erlernten (bei Stundenende) fördern.
- Sie können die Disziplin im Klassenzimmer positiv bestärken.

25 Allerdings sollte man nicht vergessen, dass Rituale, deren Sinn den Schülern nicht (mehr) einsichtig ist, ihre Wirkung verfehlen. Möglicherweise werden sie sogar als Instrument wahrgenommen, welches ohne konkreten Anlass zur Demonstration von Autorität oder gar zur Erzwingung von Disziplin dienen soll. Daher schadet es nicht, Rituale von Zeit zu Zeit im Hinblick auf Sinn und Zweck zu überprüfen. Auch Schülerinnen
30 und Schüler sollten Rituale infrage stellen dürfen.

Nach: wiki ZUM. Im Internet unter: http://wikis.zum.de/vielfalt-lernen/Rituale_im_Unterricht. Frei unter CC-BY-SA 3.0. Aus didaktischen Gründen stellenweise gekürzt und leicht verändert.

1 *Andreas Helmke: deutscher Erziehungswissenschaftler. Er lehrt als Professor an der Universität Koblenz-Landau.*

Aufgabe 7

4 Punkte

Beantworte die folgenden Fragen zum Text. Schreibe in vollständigen Sätzen.

a) Welche beiden Begriffe lassen sich nach Ansicht des Erziehungswissenschaftlers Helmke nicht immer eindeutig von Ritualen unterscheiden.

b) Wann spielen Rituale in der Schule bevorzugt eine Rolle?

c) Welche Vorteile bringen Rituale in der Schule mit sich?

d) Warum sollten Rituale hin und wieder überprüft werden?

Aufgabe 8

25 Punkte

Ihr habt euch im Ethik-Unterricht mit Ritualen beschäftigt. Daraufhin seid ihr auf die Idee gekommen, dass es gut wäre, wenn ab dem nächsten Schuljahr an eurer Schule mehr feste Rituale eingeführt würden. Um für diesen Vorschlag zu werben, verfasst du einen Artikel für die nächste Ausgabe eurer Schülerzeitung. Überlege dir für deinen Text eine passende Überschrift.

Gehe so vor:
- Stelle als Erstes eure Idee zur Einführung von Schulritualen vor.
- Erkläre danach die Besonderheiten von Ritualen. Nenne in dem Zusammenhang auch Beispiele.
- Begründe den Vorschlag.

Verwende alle vorliegenden Texte.
Beachte, dass der Text mindestens 150 Wörter umfassen muss, er kann jedoch auch länger sein. Schreibe in vollständigen Sätzen. Achte auch auf die Sprache und die Rechtschreibung. Beides geht mit in die Bewertung ein.

▶ **Original-Prüfungsaufgaben**

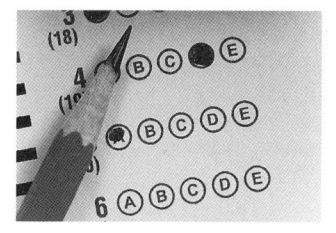

Hauptschulabschlussprüfung
Baden-Württemberg – Deutsch 2012

2012-1

Gemeinsam ist mehr möglich –
Das Ehrenamt

Bearbeite die Aufgaben in der vorgegebenen Reihenfolge.
Du kannst ein Wörterbuch benutzen.
Arbeitszeit: 135 Minuten

**GEMEINSAM
ist mehr möglich -
Das Ehrenamt**

Darstellung nach: „Tag des Ehrenamtes", Berlin 2010.

Text A

Das Ehrenamt

1 Ungefähr 23 Millionen Menschen über 14 Jahre sind in Deutschland ehrenamtlich tätig. Ehrenamtlich arbeiten bedeutet, freiwillig ohne Bezahlung in sozialen und anderen Einrichtungen mitzuhelfen, z. B. in Kindergärten, Jugendorganisationen, Krankenhäusern, Senioreneinrichtungen oder in der Behindertenhilfe, in Kirchen,
5 Hilfsorganisationen, Vereinen oder im Natur- und Umweltschutz. Dort wird die zusätzliche Hilfe gerne gesehen und Freiwillige sind willkommen. Freiwilliges und ehrenamtliches Engagement ist für das Zusammenleben in unserer demokratischen Gesellschaft von großer Bedeutung. Jeder Einzelne kann dadurch einerseits die Gesellschaft mitgestalten und gleichzeitig sein eigenes Leben bereichern. Andererseits
10 profitieren viele Menschen von den Aktivitäten und Angeboten, die durch Ehrenamtliche in allen Bereichen des gesellschaftlichen Lebens entstehen.

Es gibt viele Menschen im Ruhestand, die ihre Zeit für andere einsetzen möchten. Aber ein Ehrenamt kann eigentlich jeder übernehmen: Berufstätige und nicht Berufstätige, Schülerinnen und Schüler, Studentinnen und Studenten.

Eigene Zusammenstellung nach: http://de.wikipedia.org/wiki/Ehrenamt#Ehrenamt_als_T.C3A4tigkeit. Stand: 29.03.2011 und http://www.mk-intern.bildung-lsa.de/Bildung/na-ehrenamtlichesengagement.pdf. Stand: 16.11.2010.

Aufgabe 1

2 Punkte

Lies den Text A. Kreuze die richtigen Aussagen bezogen auf diesen Text an.

a) ☐ Freiwillige Helfer werden persönlich begrüßt.

b) ☐ Menschen, die ehrenamtlich tätig sind, müssen mindestens 14 sein.

c) ☐ Ohne zusätzliche Hilfe können viele Arbeiten, z. B. im Naturschutz, nicht geleistet werden.

d) ☐ Nur die Helfer haben einen Vorteil von den ehrenamtlichen Aktivitäten.

e) ☐ Menschen, die ehrenamtlich tätig sind, erhalten keinen Lohn.

f) ☐ Das Ehrenamt kann von allen Menschen ausgeübt werden.

g) ☐ Vom sozialen Ehrenamt haben nur diejenigen etwas, denen geholfen wird.

h) ☐ Ohne freiwilliges Engagement wäre unsere Gesellschaft ärmer.

Text B

Jedes Jahr wird in Berlin der Deutsche Engagementpreis sowohl an Personen als auch für besondere Projekte verliehen. Cacau, Spieler der deutschen Fußballnationalmannschaft, wirbt in einem Interview für diesen Preis.

> 1 *„Warum hältst du freiwilliges Engagement in einer Gesellschaft für wichtig?"*
>
> „Es ist wichtig, dass es positive Vorbilder in der Gesellschaft gibt. Dabei ist es egal, ob ich ein Fußballer oder ein Künstler bin oder einen anderen Beruf ausübe. Wir alle dürfen die Augen vor den Problemen in unserem Land nicht verschließen.
>
> 5 Jeder hat Möglichkeiten zu helfen. Und das Schöne ist, es erfüllt das Leben mit Sinn, Menschen zu helfen, denen es schlecht geht. Auch ich hätte es nicht geschafft, wenn ich nicht Menschen oder Freunde gehabt hätte, die mir eine Chance gegeben haben.
>
> Deshalb sollte jeder von uns mit offenen Augen durch die Welt gehen und darauf achten, dem Schwächeren zu helfen. Wir haben alle den gleichen Wert vor Gott, wir
> 10 sind alle wertvoll. Dabei ist es egal, ob ich reich oder arm bin, ob ich berühmt bin oder nicht so bekannt, ob ich ein kleines Kind bin oder ein studierter und erfolgreicher Geschäftsmann."
>
> *„Was gibt dir das Geben persönlich?"*
>
> „Das ist eine schwierige Frage, es macht mir einfach Freude. Wisst ihr, ich bin meinen
> 15 Freunden und Gott so dankbar für mein Leben, und wenn ich dann auch mal eine Freude bereiten kann, ist das einfach ein Ausdruck meiner Dankbarkeit."
>
> *Nach: Cacau, Projektbüro Deutscher Engagementpreis.*
> *Im Internet unter: http://www.geben-gibt.de/junge_engagierte.html. Stand: 19.11.2010.*

Aufgabe 2

Ergänze die folgenden Sätze mithilfe des Textes B.

Cacau hilft,

a) weil _____

b) weil _____

1 Punkt

Text C

Jochen ist eines von fast dreißig Mitgliedern eines Vereins, der sich zum Ziel gesetzt hat, Begegnungen zwischen Menschen mit und ohne Behinderung zu fördern.

Seit seinem fünfzehnten Lebensjahr ist der Schüler einer Werkrealschule Mitglied in diesem Verein, der verschiedene Freizeitangebote für Menschen mit und ohne Behinderung organisiert. Darüber hinaus hat sich der Verein das Ziel gesetzt, Hilfestellungen im Alltagsleben der Menschen mit Behinderung zu geben.

Der Reporter unseres Jugendmagazins war neugierig und traf den Schüler, um mehr über den Verein zu erfahren.

„Wie sehen eure Aktivitäten aus, Jochen?"

„Wir sind ein Verein, in dem alle Beteiligten, also Menschen mit und Menschen ohne Behinderung, viel dafür tun, die Freizeit gemeinsam zu gestalten. So gibt es zum Beispiel immer wieder Kinoabende, Backnachmittage und Ausflüge. Dieses Jahr werden wir im Juli an den Bodensee fahren und dort zwei schöne Tage verbringen.

Außerdem bereiten wir jahreszeitliche Feste gemeinsam vor und feiern diese mit Freunden und Familien. Im April haben wir ein Frühlingsfest auf dem Marktplatz veranstaltet, zu dem sehr viele Einwohner unseres Ortes kamen, sich von unserem Verein bewirten ließen und verschiedene Aktionen bestaunen konnten.

Und natürlich geht es bei uns ziemlich sportlich zu: Wir haben über das ganze Jahr verteilt Wettkämpfe, die wir in Kleingruppen bestreiten; sei es Tischtennis, Bowling, Leichtathletik oder Schwimmen."

„Wie bist du eigentlich dazu gekommen?"

„In der 7. Klasse absolvierte ich ein Praktikum in einer Werkstatt für Menschen mit Behinderung. Frau Rehm, meine Betreuerin, erzählte mir von diesem Verein und nahm mich zu einem Halloweenfest des Vereins mit. Nach und nach beteiligte ich mich an immer mehr Aktivitäten und trat schließlich letzten Sommer in den Verein ein."

„Könntest du dir vorstellen, beruflich mit Menschen mit Behinderung zu arbeiten?"

„Na klar! Nachdem ich mein Praktikum beendet hatte, bekam ich von der Pflegeleitung das Angebot, sonntags für drei Stunden in der Einrichtung zu jobben. Im Laufe der Zeit habe ich gemerkt, dass dies genau der Bereich ist, in dem ich meine berufliche Zukunft sehe. Im September beginne ich meine Ausbildung zum Erzieher in einer sonderpädagogischen Einrichtung."

„Jochen, noch eine letzte Frage: Ihr habt euch zum Ziel gesetzt, Hilfestellungen im Alltagsleben der Menschen mit Behinderung zu geben. Wie sieht das konkret aus?"

„Das geschieht auf ganz unterschiedliche Art und Weise. So haben wir beispielsweise einen Dienst, der einen gemeinsamen Einkaufsvormittag, immer donnerstags, organisiert. Außerdem unterstützen wir unsere Mitglieder bei Behördengängen. Das gibt den Menschen mit Behinderung Selbstbewusstsein und sie werden in ihrem Tun gestärkt."

„Vielen Dank für das Interview."

Aufgabe 3

3 Punkte

Schreibe aus Text C die Textstellen heraus, die zu den folgenden Aussagen passen.

a) Das Engagement des Vereins ebnet für Menschen mit Behinderung den Weg zur Teilnahme an der Gesellschaft.

b) Jochen traf im Rahmen einer schulischen Veranstaltung auf Menschen mit Behinderung.

c) Jochen weiß, dass eine Ausbildung im Bereich der Arbeit mit Menschen mit Behinderung das Richtige für ihn ist.

Text D

Freiwillig bei der Feuerwehr einspringen

1 Die freiwilligen Feuerwehren in Deutschland absolvieren pro Jahr 1,2 Millionen Einsätze. Dabei setzen sie sich für die Sicherheit der Bürger ein – Tag und Nacht. Ohne diese Ehrenamtlichen gäbe es keinen ausreichenden Brandschutz. Rund 260 000 Jungen und Mädchen im Alter von 10 bis 18 Jahren sind bundesweit in rund 18 000
5 Jugendfeuerwehren aktiv.

Früh übt sich, wer einmal Feuerwehrmann bzw. Feuerwehrfrau werden will

Die Zeit drängt. Ein Bagger steht in Flammen und ein Arbeiter ist unter einem Stapel Paletten verschüttet. Die Mannschaften springen aus den Fahrzeugen, nehmen die Einsatzbefehle entgegen und beginnen sofort mit der Rettung. In Windeseile werden
10 Schläuche angeschlossen, die Schutzkleidung übergezogen, dann beginnt die Bergung. Zum Glück ist es kein echter Einsatz, sondern die Herbstübung der Jugendfeuerwehr.

Ein Jugendwart erklärt: „Bei der Jugendfeuerwehr geht es nicht nur um die technische Ausbildung. Der soziale Aspekt, mit dem auch das Gemeinschaftsgefühl gestärkt wird, ist uns sehr wichtig. Wir wollen die sozialen Kompetenzen der Jugend-
15 lichen stärken." Jede Woche treffen sich die jungen Feuerwehrleute, lernen Arbeitsabläufe bei Einsätzen kennen, unternehmen viele Ausflüge und gehen im Sommer ins Zeltlager. „Die gemeinsame Übung soll ihnen zeigen, dass sie ein Teil vom großen Ganzen sind. Sie sollen sehen, dass sie eine Aufgabe erfüllen können und etwas geschafft haben. Natürlich wollen die Kinder auch Spaß und Action", weiß der Jugend-
20 wart.

„Die Feuerwehr ist klasse", so Dennis, der sich besonders für die Abläufe bei Einsätzen interessiert. Tim, dem Jüngsten in der Gruppe, gefällt der Zusammenhalt: „Es macht Spaß, im Team zu arbeiten." „Für das Engagement in der Feuerwehr braucht man eine soziale Einstellung", sagt die 17-jährige Tülay. „Denn mit seinem Einsatz
25 hilft man anderen Menschen." Warum sie bei der Jugendfeuerwehr mitmacht? „Es ist cool."

Meier, Tatjana, aus: Helfen ist Ehrensache, in: Focus Schule Magazin, Heft 3/2008; Schoberth, Michael: Früh übt sich, wer einmal Feuerwehrmann bzw. Feuerwehrfrau werden will, in: Stuttgarter Zeitung vom 18.10.2010.

Aufgabe 4

Lies den Text D und beantworte die folgenden Fragen.

1,5 Punkte a) Bei der Jugendfeuerwehr werden Tätigkeiten erlernt, die man bei einem Einsatz beherrschen muss. Nenne drei Beispiele.

_____

_____

_____

1,5 Punkte b) Die Jugendfeuerwehr will nicht nur eine technische Ausbildung vermitteln. Unterstreiche in Text D drei Textstellen, in denen drei weitere unterschiedliche Ziele genannt werden.

Text E

Anderen Freude schenken

In der Altenpflege wird freiwillige Unterstützung dringend benötigt. Alte Menschen leiden häufig darunter, dass ihre Kontakte nach außen immer weniger werden und der Kreis gleichaltriger Freunde immer weiter abnimmt. Auch den Familien fehlt es oft an der Zeit, sich ausreichend um ihre älteren Angehörigen zu kümmern.

⁵ Was die alten Menschen brauchen, ist Gesellschaft – sie brauchen jemanden, der mit ihnen einen Spaziergang macht, mit ihnen ins Café geht, kulturelle Veranstaltungen besucht, sie zur Kirche begleitet oder einfach mit ihnen redet. Freude schenken macht Spaß! Diese Erfahrung konnten die 14 Schülerinnen und Schüler der Projektgruppe „Seniorenbetreuung" einer Werkrealschule machen, als sie den Bewohnern einer
¹⁰ Senioreneinrichtung Würfelspiele aushändigen konnten, die speziell für deren Bedarf im Unterricht angefertigt worden waren.

„Die einfachen Spielregeln ermöglichen den alten Menschen, ihre Wahrnehmung und Motorik zu trainieren, zugleich aber auch, sich dabei in aller Gelassenheit mit den Schülerinnen und Schülern zu unterhalten", erläutert eine Sozialpädagogin. Die Schü-
¹⁵ lerinnen und Schüler erfahren bei dieser Begegnung mehr über ihre Stärken und Neigungen. Sie können sich sinnvoll einbringen und lernen, auf andere zuzugehen. Hilfsbereitschaft, Zuverlässigkeit, Anteilnahme und Höflichkeit sind Werte, welche die Jugendlichen dabei wie von selbst lernen. „Am Anfang hatten viele Schülerinnen und Schüler noch Berührungsängste gegenüber älteren Menschen mit Behinderungen.
²⁰ Doch schon nach wenigen Wochen hat sich ein selbstverständlicher Umgang miteinander ergeben. Die Jugendlichen ernteten Freude und Anerkennung. Ansatzweise sind sogar ‚Freundschaften' zwischen Seniorinnen und Senioren und Schülerinnen und Schülern entstanden", kann die Sozialpädagogin berichten. „Für unseren Einsatz bekommen wir keine Noten, dafür aber eine Teilnahmebestätigung. Das macht sich
²⁵ später super im Lebenslauf", erklärt Tinka, 16 Jahre alt. Diese anfängliche Motivation ist für die Zehntklässlerin längst nicht mehr der Hauptanreiz: „Die Seniorinnen und Senioren erzählen viel aus ihrem Leben. Das ist viel spannender als unser Geschichtsunterricht in der Schule", meint sie. Gemeinsam mit ihrem Mitschüler Jannis besucht Tinka seit 18 Monaten einmal in der Woche alte Menschen, unterhält sich mit ihnen
³⁰ bei Saft und Kuchen oder begleitet sie auf Spaziergängen. Der 15-jährige Jannis sagt: „Wir spüren, dass wir dort gebraucht werden. Außer von uns bekommen manche keinen Besuch."

Nach: Diakonisches Werk, im Internet unter: http://www.pflege-und-diakonie.de/ehrenamt/index.html. Stand: 15. 9. 2010.

Aufgabe 5

Hilfsbereitschaft, Zuverlässigkeit, Anteilnahme [...] sind Werte, welche Jugendliche dabei wie von selbst lernen.

Suche für die folgenden Werte je ein Beispiel in Text E. Schreibe stichwortartig.

Wert	Beispiel
Zuverlässigkeit	
Hilfsbereitschaft	
Anteilnahme	

Aufgabe 6

Lies Text E und kreuze in der Tabelle an.

	richtig	falsch
a) Alte Menschen leiden unter dem Verlust von gleichaltrigen Angehörigen.	☐	☐
b) Familien können die Pflege ihrer älteren Angehörigen oft nicht leisten.	☐	☐
c) Die Wahrnehmung und Motorik der Menschen lässt im Alter nach.	☐	☐

Grafik

Was gibt dir dein Engagement?

Beantwortet von: 712 (79 %)   Nicht beantwortet von: 189 (21 %)

1. Anerkennung durch andere Menschen — 394 (55%)
2. Selbsterfahrung — 641 (90%)
3. Mehr Kompetenz und Wissen — 560 (79%)
4. Größere Sicherheit bei der Ausbildungs- oder Berufswahl — 313 (44%)
5. Kontakt zu netten Menschen — 578 (81%)
6. Einfach Spaß an dem, was ich tue — 597 (84%)

Nach: Kunkat, Cornelia: Geben gibt. Newsletter, Kampagnenbüro Geben gibt. Im Internet unter: http://www.deutscher-engagementpreis.de/fileadmin/media/pdf/Sonstige_Download-PDFs/Gebengibt_Newsletter_Dez_2010.pdf. Stand: 01.04.2011.

Aufgabe 7

Die Gründe für das Engagement der Jugendlichen in den Texten C, D, E zeigen sich auch in der Grafik.

Welche Gründe (1–6) werden in den Texten C, D, E genannt?

	Text	1	2	3	4	5	6
Jochen	C						
Dennis	D						
Jannis	E						

25 Punkte

Aufgabe 8

Du bist Mitglied des Jugendgemeinderats und sollst vor den Jugendlichen in einem Jugendhaus für das ehrenamtliche Engagement werben.

Schreibe auf, was du den Jugendlichen sagen möchtest. Berücksichtige dabei folgende Gesichtspunkte:
- Was haben die Jugendlichen davon, wenn sie sich ehrenamtlich engagieren?
- Was haben die anderen Menschen davon?
- In welchen unterschiedlichen Bereichen können sich Jugendliche ehrenamtlich engagieren? Finde fünf verschiedene Beispiele.
- Berichte ausführlich über ein Beispiel, das zeigt, wie Jugendliche sich engagieren können.

Verwende alle vorliegenden Texte und Grafiken für deinen Vortrag.

Beachte, dass der Text mindestens 150 Wörter umfassen muss, er kann jedoch auch länger sein. Schreibe einen eigenen Text in vollständigen Sätzen. Achte auf korrekte Sprache und Rechtschreibung. Beides wird bewertet.

Hauptschulabschlussprüfung
Baden-Württemberg – Deutsch 2013

Außergewöhnliche Menschen und ihre Leistungen

Bearbeite die Aufgaben in der vorgegebenen Reihenfolge.
Du kannst ein Wörterbuch benutzen.
Arbeitszeit: 135 Minuten

Jordan Romero
picture alliance / dpa

Janice Jakait
© Janice Jakait / www.jakait.com

Philip Köster
*HOCH ZWEI Photoagency GBR /
Wikimedia Commons (CC BY 3.0)*

Text A

Jugendlicher auf den höchsten Gipfeln der Welt

1 Der 15 Jahre alte Jordan Romero hat die höchsten Berge der sieben Kontinente erklommen. Er liebt das Abenteuer und die Natur – nicht die Gefahr.

Abends, wenn ihm die Anstrengungen eines
5 langen Tages in den Knochen stecken, stöpselt sich Jordan Romero gern seine Kopfhörer in die Ohren. Bei Reggae-Klängen von Bob Marley oder Hip-Hop-Beats kann er abschalten und all das verarbeiten, was auf ihn eingeprasselt ist. Eigentlich eine
10 alltägliche Szene aus dem Leben eines Jugendlichen. Bei dem 15 Jahre alten Kalifornier liegt die Sache anders: Denn Jordan Romero sitzt mit Vorliebe nicht in seinem Zimmer und lauscht der Musik, sondern in einem Zelt, das nicht auf einem Campingplatz am Meer steht, sondern irgendwo auf dem Weg zum Gipfel
15 eines Berges. Als dies zuletzt der Fall war und er dann seine Nase aus dem Zelt hielt, umwehte ihn der eisige Wind der Antarktis. Dem jungen Mann aus den USA ist es als jüngstem Menschen gelungen, die „Seven Summits" zu erklimmen – die höchsten Berge der sieben Kontinente. Verrückt, mögen viele sagen, und dabei bewundernd, skeptisch oder verständnislos klingen. Für Romero ist die Sache ganz einfach: „Ich liebe ein aufregendes
20 Leben, ich liebe Veränderungen und Herausforderungen, ich mag es, draußen zu sein."

Alles fing an, als Jordan Romero gerade einmal neun Jahre alt war. In seiner Schule hing ein Gemälde, das die Seven Summits zeigte. „Es sah verdammt cool aus", erinnert sich der dunkelblonde Lockenkopf. Er war so begeistert, dass er eines Tages nach der
25 Schule seinen Vater fragte: „Papa, was sind diese ‚Seven Summits'?"

Die Erzählungen seines Vaters über die Berge faszinierten ihn von Anfang an. Schon bald kam er auf die Frage: „Warum erklimmen wir denn nicht den Kilimandscharo?" Was wie ein kleiner Scherz oder wie der naive Traum eines Kindes klingt, war für Jordan ein ernst gemeinter Wunsch. Er war es nämlich gewohnt, mit seinen Eltern auf eine
30 etwas andere Art zu reisen. Sie hatten dabei Hunderte von Kilometern in der Natur nur mit ihrer Körperkraft zurückgelegt – auf dem Mountainbike, im Kanu, laufend oder kletternd. Deshalb stand schnell fest: Die drei nehmen die „Seven Summits" zusammen in Angriff – unterstützt von weiteren Helfern.

„Meine Familie ist mein Team", sagt Jordan. Nach einem Jahr harten Trainings war es
35 so weit. „Ich war ziemlich aufgeregt." Mit zehn Jahren blickte er vom Kilimandscharo hinab auf die Welt. Mit 13 schaute er vom Mount Everest auf die Gipfel des Himalaja, mit 15 vom Mount Vinson in die Weite der Antarktis. Dazwischen lag die Besteigung der anderen Seven Summits. Romero will gar nicht leugnen, dass all dies nicht ohne Risiko ist. „Natürlich sind diese Abenteuer auch ein bisschen gefährlich, aber wir sind
40 immer vorsichtig. Meine Eltern haben mir geholfen, meinen Traum zu verwirklichen, und daran ist nichts falsch. Wir leben dieses etwas andere Leben jeden Tag. Es ist ein Lebensgefühl – seit Langem. Ich bin so aufgewachsen." Die sechs bis zehn Kletterstunden täglich hatten für ihn etwas von Freiheit. „Ich gehe gerne in die Schule, aber mein eigentliches Klassenzimmer ist die Natur."

45 Sein nächstes Projekt steht bereits fest. Dieses Mal will er keine Rekorde brechen, sondern Jugendliche in die Natur bringen. Romero wird durch alle 50 US-Staaten reisen, um dort mit Schülern und Familien einen der höchsten Gipfel zu erklimmen. „Find your own Everest"* ist sein Slogan, das Bezwingen eines Berges als Ziel, das Bezwingen eines Berges als Erfüllung eines Lebenstraums.

* Übersetzung: Finde deinen eigenen (Mount) Everest.

Nach: http://www.welt.de/vermischtes/prominente/article13876132/Jordan-Romero-15-stand-schon-ueberall-ganz-oben.html. Stand: 03.02.2012 und. Melanie Haack: Kleiner Mann ganz oben. In: Welt am Sonntag Nr. 8 vom 19.2.2012.

Aufgabe 1

1 Punkt

Lies den Text A und schreibe die Textstellen heraus, die am besten zu den folgenden Aussagen passen.

a) Romero bereitete sich intensiv auf die Verwirklichung seines Zieles vor.

___

b) Er lernt nicht nur in der Schule.

___

Grafik 1

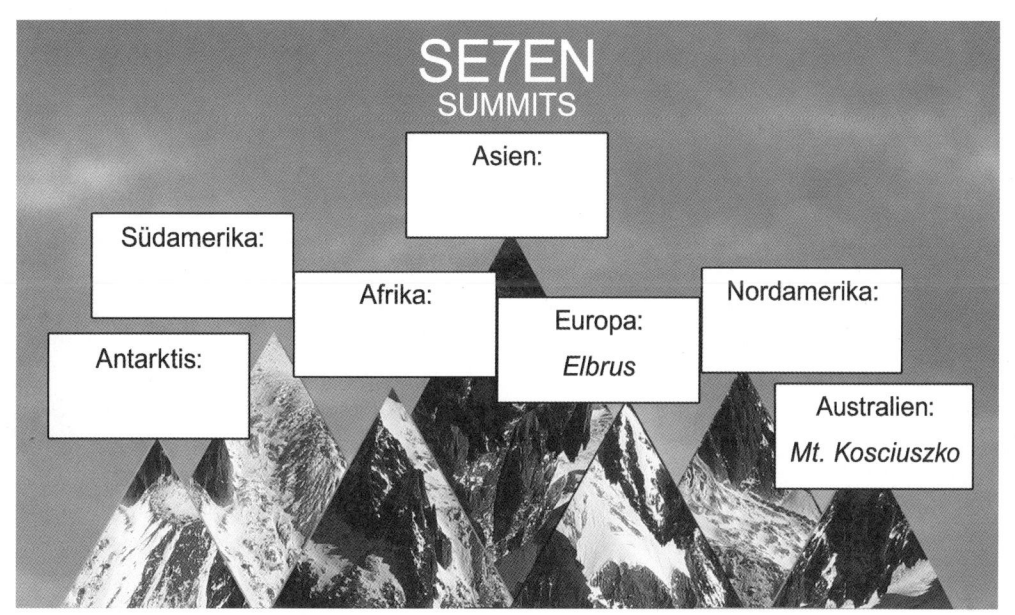

SE7EN SUMMITS

- Asien:
- Südamerika:
- Afrika:
- Europa: *Elbrus*
- Nordamerika:
- Antarktis:
- Australien: *Mt. Kosciuszko*

(Berge nicht maßstabgetreu abgebildet)

Tabelle 1

Name	Höhe	Kontinent
Aconcagua	6 962 m	Südamerika
Elbrus	5 642 m	Europa
Kilimandscharo	5 895 m	Afrika
Mount Everest	8 848 m	Asien
Mount McKinley	6 195 m	Nordamerika
Mount Kosciuszko	2 228 m	Australien
Mount Vinson	4 892 m	Antarktis

Nach: http://de.wikipedia.org/wiki/ Seven_Summits. Stand: 27.06.2012.

Aufgabe 2

1 Punkt

Trage die in Text A namentlich genannten Berge an der richtigen Stelle in die Grafik 1 (siehe oben) ein. Verwende dazu auch die Tabelle 1.

1 Punkt | **Aufgabe 3**

Romeros Eltern unterstützten ihn bei der Verwirklichung seines Traums. Begründe diese Aussage mit zwei Sätzen.

_____

_____

_____

1 Punkt | **Aufgabe 4**

Was meint Romero mit dem Slogan „Find your own Everest"? Kreuze die richtige Antwort an.

a) ☐ Bezwinge den Mount Everest als 13-Jähriger.

b) ☐ Lerne den Mount Everest aus der Sicht eines Jugendlichen kennen.

c) ☐ Erfülle dir mit dem Aufstieg zum Mount Everest deinen Lebenstraum.

d) ☐ Vergleiche meinen Aufstieg zum Mount Everest mit der Verwirklichung deines Lebenstraums.

Text B

Rudertour über den Atlantik

Die ehemalige IT-Beraterin Janice Jakait kommt aus Neulußheim, einem Ort zwischen Speyer und Heidelberg. Im November 2011 brach sie mit ihrem Ruderboot zu einer 6 500 km langen Tour über den Atlantik auf. Drei Monate später kam sie als erste deutsche Frau in der Karibik an, ohne Segel, ohne Motor – allein von ihrer Muskelkraft angetrieben.

Auszug aus einem Interview, veröffentlicht in der ZEIT ONLINE im November 2011:

ZEIT ONLINE: Frau Jakait, Sie begeben sich auf eine Rudertour von Portugal in die Karibik. Länger als drei Monate werden Sie unterwegs sein. Wie kann man sich auf eine solche Herausforderung vorbereiten?

JAKAIT: Man muss sich mit der Schifffahrt auskennen, mit Navigation und Elektronik. Ich kenne mein Boot. Ich habe nur den Rumpf gekauft und alles andere selbst eingebaut. Ich bin in der Lage, alles selbst zu reparieren. Zudem habe ich große Erfahrung mit Wassersport. Ich weiß, welche Bedingungen mich erwarten, welches Wetter herrschen kann. Am wichtigsten ist aber die mentale und körperliche Vorbereitung. Daher habe ich einiges an Gewicht zugenommen, das geht aber nur bedingt. Der Kalorienbedarf auf See ist ein großes Problem. Wenn man acht Stunden am Tag rudert, braucht man 8 000 bis 9 000 Kalorien. Daher musste ich mir auch einen entsprechenden Vorrat an Nahrungsmitteln für die Reise besorgen. Es gibt fertig gepackte Tüten für jeden Tag, die sind voll mit Eiweiß-, Schoko- und Müsliriegeln. Ich werde zweimal am Tag gefriergetrocknete Menüs kochen.

ZEIT ONLINE: Erklären Sie bitte den Unterschied zwischen Ihrem Boot und einem normalen Rennruderboot.

JAKAIT: Der größte Unterschied ist das Gewicht. Vollbeladen wiegt das Boot 1 080 Kilogramm. Hinzu kommt, dass das Rudern in großen Wellen anders ist. Man sitzt anders, die Belastungen für den Rücken sind anders. Deshalb lag der Schwerpunkt der Trainingsvorbereitung auch darin, die Gesamtmuskulatur aufzubauen.

ZEIT ONLINE: Wie rudert sich dieses große Boot?

JAKAIT: In ruhigen Verhältnissen sehr gut. Es macht Spaß. Aber es ist klar, dass durch die Belastungen die körperlichen Schmerzen sehr groß werden. Auf dem Meer bin ich ständig durchnässt und sitze den ganzen Tag auf dem Rudersitz. Es ist definitiv kein Ruderurlaub, kein Wanderrudern.

ZEIT ONLINE: Welche Gefahren erwarten Sie?

JAKAIT: Erfahrungsgemäß sind die ersten zwei oder drei Wochen besonders schwierig. Ich werde wohl nicht gut schlafen, auch aufgeregt sein. Vielleicht bekomme ich gesundheitliche Probleme wie die Seekrankheit. Doch der Mensch ist in der Lage, mit den verrücktesten und außergewöhnlichsten Situationen klarzukommen. Ich werde glücklich sein. Ich weiß, ich packe das.

ZEIT ONLINE: Ist die Küstennähe gefährlich?

JAKAIT: Ja, die ersten und die letzten 100 Seemeilen sind kritisch. Erstens, weil dort viele Schiffe verkehren. Die großen Tanker sehen mich nicht. Großer Wellengang wird die Kommunikation einschränken. Zweitens ist dort die Gefahr groß, auf Land aufzulaufen. Wenn der Wind dreht, könnte er mich gegen die Küste drücken.

ZEIT ONLINE: Was ist mit Stürmen, Haien, Walen?

JAKAIT: Einen Sturm kann ich nicht verhindern, aber das Boot hält hohe Wellen aus, auch wenn das für mich nicht angenehm sein wird. Weil ich keinen Lärm verursache,

50 werde ich sicher Haie als Begleiter haben. Und Wale kommen immer mal ganz gerne, um sich an meinem Boot den Rücken zu kratzen.

ZEIT ONLINE: Sie wollen sich selbst verwirklichen.

JAKAIT: Das spielt eine große Rolle. Aber mein Projekt heißt „row for silence", d. h. Rudern für die Stille. Ich arbeite mit der Organisation „OceanCare" zusammen, die
55 sich für den Schutz von Delfinen und Walen einsetzt. Damit möchte ich auf das wichtige Thema „Unterwasserlärm" hinweisen. Unterwasserlärm ist nämlich ein ernstes Problem. Durch militärische Versuche, Öl- und Gasbohrungen oder Schiffe entsteht Lärm, deshalb können die Tiere nicht mehr miteinander kommunizieren und sich orientieren. Bei Walen nimmt die Kommunikationshäufigkeit seit vielen Jahren
60 ab, viele Tiere stranden. Delfinmütter werden von ihren Kindern getrennt. Und welches Projekt könnte besser zu meiner leisen Art der Fortbewegung passen?

Nach: Jürgen Bröker: Wale werden sich den Rücken an meinem Ruderboot kratzen. Im Internet unter: http://www.zeit.de/sport/2011-11/jakait-rudern-rekord-portugal/seite-1. Stand: 02. 04. 2012.

1 Am 21. 2. 2012 setzte Janice Jakait am frühen Nachmittag im Hafen von St. Charles, Barbados, zum ersten Mal nach exakt 90 Tagen ihren Fuß wieder auf festen Boden.

Janice Jakait durchlebte Entbehrungen und Gefahren ebenso wie beglückende Momente. Sie war
5 dem Salzwasser, meterhohen Wellen und Gewitterstürmen ausgesetzt, musste Frachtern ausweichen und wurde beinahe von einem Fischkutter gerammt. Andererseits begegnete Janice Walen, Delfinen, Meeresschildkröten, Haien und Meeres-
10 vögeln und erfuhr Momente absoluter Stille: „Meine Begegnungen mit Walen und Delfinen waren unglaublich. Sie haben mir Kraft gegeben und gezeigt, dass sich meine Strapazen und jeder Ruderschlag für die Kampagne ‚row for silence' gelohnt haben. Ich hoffe, wir Menschen
15 ändern unseren Umgang mit dem Meer und seinen Bewohnern."

Nach: http://www.rudern.de/nachricht/news/2012/02/22/geschafft-janice-jakait-querte-den-atlantik-in-einem-ruderboot/ Stand: 02. 04. 2012.

3 Punkte

Aufgabe 5

Wie hat sich Janice Jakait auf die Atlantiküberquerung vorbereitet? Ergänze die Mindmap mithilfe des Textes B.

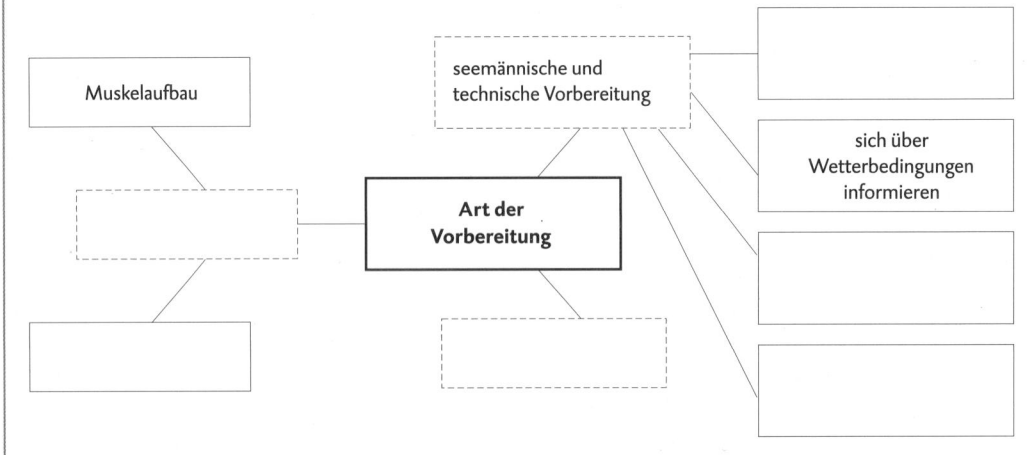

Aufgabe 6 1 Punkt

Jakait rechnet mit gesundheitlichen Beeinträchtigungen. Schreibe zwei weitere Stichworte.

- Seekrankheit
- _____
- _____

Text C

Das Wunder der Wellen – Philip Köster, Weltmeister im Windsurfen

Deutschland hat viele Sportstars wie Sebastian Vettel, Dirk Nowitzki oder Magdalena Neuner. Einen wie Philip Köster gab es aber noch nie – ein Star aus der Welt des Trendsports. Er ist der erste deutsche Weltmeister in einer Parallelwelt des Sports, die bei der jüngeren Generation angesagt ist und sich großer Beliebtheit erfreut. Sie steht für Freiheit,
5 *Party und Lebensgefühl.*

Nun sitzen die Windsurfer vor dem weißen Zelt, trinken Kaffee und schauen hinaus aufs Meer. Zahllose Fahnen der Sponsoren des Surf-Weltcups wehen am Strand von Sylt im viel zu
10 leichten Wind. Es kommt kein Sturm – heute nicht, morgen nicht, schönster Spätsommer mit blauem Himmel und Sonne. „Was für ein trostloses Wetter", schimpft ein Surfer. Auch Philip Köster schlappt ein wenig missmutig umher. Der
15 17-Jährige sieht in diesem Moment ein bisschen aus wie ein Junge, dem man sein Spielzeug weggenommen hat. Still ruht die Nordsee. Kein Wind, kein Wettkampf, Windstärke eins bis zwei, viel zu wenig.

© Sebastian Schöffel / HOCH ZWEI / Wikimedia Commons (CC BY 3.0)

Sein erster Blick des Tages gilt dem Wasser. Der 17-jährige Philip Köster wuchs mit
20 der Sicht auf das Meer auf. Seine Eltern wanderten vor vielen Jahren von Hamburg in ein Surferparadies auf Gran Canaria aus und eröffneten eine Surfschule. Noch immer wohnt Philip dort am Atlantik. Zwei Stunden surfen, dann frühstücken, so beginnt sein Tag. 2006, mit zwölf, bestritt er seinen ersten Weltcup und wurde 2008 „Rookie of the Year" (Grünschnabel des Jahres). Seit 2009, nach seinem Schulabschluss, ist er Profi und
25 er hat namhafte Sponsoren. Sieben bis acht Monate im Jahr ist er auf Welttournee, Vater Rolf immer an seiner Seite. Zeit für ein Leben an Land bleibt kaum. Wasser ist Philips Element. Er sagt: „Wasser ist mein Ein und Alles. Wasser ist Freiheit für mich."

Mitte September 2011 hat sich der 17-Jährige den Weltmeister-Titel im „Waveriding" gesichert, der Kombination aus dem Reiten der Welle und aus Sprüngen, bei
30 denen die Welle als eine Art Abschussrampe dient. Er hat alle Weltcups der Herbstsaison 2011 in der Königsdisziplin des Windsurfens gewonnen.

Er ist der zweitjüngste Titelträger und er ist der erste deutsche Weltmeister überhaupt. Jetzt wird er offiziell auf der Insel Sylt ausgezeichnet. Dort dreht sich deshalb in diesen Tagen alles um diesen Burschen, der mit Superlativen überhäuft wird: Ausnah-
35 mesurfer, Jahrhunderttalent, die Zukunft in diesem Sport. Der neue Weltmeister des Windsurfens kann nicht viel mit dem übermäßigen Interesse an seiner Person anfangen. Das alles, auch das Reden, ist nicht seine Welt. „Ich will nur Spaß haben und surfen", sagt er. „Im Wasser fühle ich mich am wohlsten."

Mit seinen 17 Jahren ist er das Gegenteil dessen, was die Leute sonst über Jugendliche
40 dieses Alters denken. Er sagt: „Es gibt ein paar, die abends feiern. Aber die sind am nächsten Tag beim Wettkampf nicht vorne. Man muss sehr diszipliniert sein."

Er hat das Besondere alltäglich gemacht, nämlich Sprünge mit zweifachem Vorwärtssalto. „Früher reichte solch ein Sprung zum Sieg", sagt er. Seitdem er dabei ist, hat man

ohne diesen Salto keine Chance mehr. Er zwingt seine Konkurrenten zu mehr Risiko.
45 Demnächst will er den außerordentlich schwierigen dreifachen „Front-Loop" springen: das sind drei Salti, die er als erster Windsurfer der Geschichte meistern will. Den Sprung-Weltrekord hält er bereits – mit 20 Metern. Ein Einfamilienhaus ist knapp sieben Meter hoch. „Er wird auf Jahre hinaus die Maßstäbe für diesen Sport bestimmen", sagt Björn Dunkerbeck, der berühmte dänische Windsurfer. Philip Köster schwärmt von
50 bis zu zehn Meter hohen Wellen und dem Kampf mit dem Wind bei Stärke acht; noch mehr Windstärke, und es wird unkontrollierbar. Optimal sind Windstärke sechs und Wellen von um die drei Meter.

Nach: http://www.stuttgarter-zeitung.de/inhalt.surfen-das-wunder-der-wellen-page1.0b13c462-4dfb-4bad-8adb-bedbb6c3e819.html. Tobias Schall: Surfen. Das Wunder der Wellen, vom 01.10.2011. Stand: 17.02.2012.

1 Punkt | **Aufgabe 7**

In Text C heißt es über Philip Köster: „Das alles, auch das Reden, ist nicht seine Welt." Beschreibe seine Welt anhand des Textes C.

_____

_____

1 Punkt | **Aufgabe 8**

Lies Text C und beende den Satz mit zwei verschiedenen Möglichkeiten.

Er zwingt seine Konkurrenten zu mehr Risiko, weil ...

_____

_____

Er zwingt seine Konkurrenten zu mehr Risiko, weil ...

_____

_____

2 Punkte | **Aufgabe 9**

Lies Text C und kreuze die jeweils richtige Antwort an.

1. Philip Köster hat das Besondere alltäglich gemacht.
   a) ☐ Eine außergewöhnliche Leistung ist normal geworden.
   b) ☐ Philips Alltag ist immer etwas Besonderes.
   c) ☐ Man kann auch im Alltag besondere Erlebnisse haben.

2. Windsurfen ist eine Sportart, ...
   a) ☐ die alte und junge Menschen kennen und lieben.
   b) ☐ die vor allem junge Menschen fasziniert.
   c) ☐ bei der es ausschließlich um Freiheit, Party und Lebensgefühl geht.

3. Philip Köster ...
   a) ☐ bestritt mit 17 Jahren seinen ersten Weltcup.
   b) ☐ wurde mit 14 Jahren als bester Nachwuchssurfer geehrt.
   c) ☐ wurde mit 15 Jahren Weltmeister.

4. Die Surfer sind missmutig, weil ...
   a) ☐ das Wetter auf Sylt so schön ist.
   b) ☐ zu viel Wind weht.
   c) ☐ der Wind nicht stark genug weht.

Aufgabe 10

Du hast in den Texten A, B und C drei besondere Persönlichkeiten kennengelernt.

a) Beschreibe die einzigartigen Leistungen von:

Jordan Romero

_____

_____

Janice Jakait

_____

_____

Philip Köster

_____

_____

b) Die drei Personen haben Gemeinsamkeiten. Nenne mindestens drei.

_____

_____

_____

Aufgabe 11

Im Rahmen des Projektes „Zeitung in der Schule" sollst du über das Thema „Lebe deinen Traum" schreiben. Aus den vorliegenden Texten hast du von den außergewöhnlichen Leistungen der drei Personen erfahren. Diese Menschen waren bereit, viel für die Erfüllung ihres Lebenstraums zu tun.

Schreibe in deinem Zeitungsartikel, ...
- um welche Personen es sich handelt.
- welchen Traum sie sich verwirklicht haben.
- wie sie ihn verwirklicht haben.
- welche dieser Personen dich am meisten beeindruckt. Begründe.
- wofür diese Person ein Vorbild sein könnte. Begründe.

Verwende alle vorliegenden Texte für deinen Zeitungsartikel.

Beachte dabei die äußere Form. Beachte, dass der Text mindestens 150 Wörter umfassen muss, er kann jedoch auch länger sein. Schreibe einen eigenen Text in vollständigen Sätzen. Achte auf korrekte Sprache und Rechtschreibung. Beides wird bewertet.

**Hauptschulabschlussprüfung
Baden-Württemberg – Deutsch 2014**

2014-1

Urlaub – die schönste Zeit des Jahres

Bearbeite die Aufgaben in der vorgegebenen Reihenfolge.
Du kannst ein Wörterbuch benutzen.
Arbeitszeit: 135 Minuten

© Marzanna Syncerz – Dreamstime.com (o. l.)
© Dennis Dolkens – Dreamstime.com (o. r.)
© Max Topchii – Fotolia.com (u. l.)
© EpicStockMedia – Fotolia.com (u. r.)

Text A

Sechs Jahrzehnte Urlaubsgeschichte

1 Er ist 36 bis 45 Jahre alt, verreist ein- bis zweimal im Jahr und bevorzugt zwei Wochen Badeurlaub – am liebsten in Spanien oder auch in der Türkei. Das ist der deutsche Durchschnittsurlauber, wie ihn ein Internet-Hotelbewertungsportal sieht.

Kurz nach dem Krieg ging es zuerst nur langsam bergauf mit der Lust auf Tapeten-
5 wechsel. „Es gab ja so gut wie gar keine Möglichkeiten", erinnert sich Wilhelm Grote, der in der Nähe von Lüneburg wohnt. Der heute 88-Jährige arbeitete 1949, als die Bundesrepublik gegründet wurde, bei einer Versicherung und war frisch verheiratet. „Kaum jemand besaß ein Auto. Wer Geld hatte, konnte sich gerade eine Bahnfahrt leisten."

10 Den ersten Familienurlaub gab es für Grote Anfang der 50er-Jahre. Die erste größere Tour führte im eigenen Automobil von Hannover an die ferne Ostsee oder mit der Bahn in die Alpen, einige schafften es auch weiter in den Süden – etwa an die italienische Adria nach Rimini.

Wilhelm Grote lag mit seinem Reiseziel im Trend: 85 Prozent aller Deutschen, die
15 damals verreisten, blieben im Inland. Wer sich 1954, als zum ersten Mal touristische Daten erhoben wurden, eine Auslandsreise leisten konnte, fuhr hauptsächlich nach Österreich (sechs Prozent) oder nach Italien (vier Prozent). Als Verkehrsmittel lag die Bahn mit 54 Prozent vorn, 19 Prozent reisten mit dem eigenen Auto, 17 Prozent per Bus. Seit Mitte der 50er-Jahre wurden auch Flugreisen angeboten. Fliegen war allerdings
20 umständlich und extrem teuer.

In den 60er-Jahren änderte sich der Trend vom Inland zum Ausland. 1962 legte ein Versandhändler seinem Warenkatalog erstmals ein kleines Heftchen bei: Auf sechs Seiten wurden Flugreisen angeboten, unter anderem nach Mallorca und Tunesien. Dieses Heft fiel dem damals 21-jährigen Kaufmann Wolfgang Dosek in die Hände. Zuerst
25 war er skeptisch, doch der Preis überzeugte ihn: 15 Tage Mallorca für 340 Mark. So bestieg Dosek 1963 zum ersten Mal im Leben ein Flugzeug. Es folgten zwei Wochen Traumurlaub. „Der Strand, das Meer – zum ersten Mal in meinem Leben habe ich Orangen- und Zitronenbäume gesehen", schwärmt Wolfgang Dosek noch heute. Und nicht nur er war begeistert: 18 000 Urlauber buchten im gleichen Jahr eine solche Flug-
30 reise. Dieser Aufschwung führte schließlich zum Pauschalurlaub.

Die Deutschen wurden von Jahr zu Jahr reisefreudiger. Mallorca wurde zum „Renner", auch wenn vor 40 Jahren der Flug noch gut vier Stunden dauerte. Die Buchung einer Reise war in den 60ern recht umständlich. Es gab noch keine Computer wie heute, und so musste die Bettenbelegung in den Hotels von Hand in Bücher eingetragen wer-
35 den. „Oft musste man stundenlang warten, wenn man etwas fest buchen wollte, weil die Telefonleitung des Veranstalters ständig belegt war", erinnert sich ein Reisebüro-Mitarbeiter. Als schließlich 1970 Computer für touristische Zwecke eingesetzt werden konnten, war dies eine große Erleichterung.

Das Angebot der Veranstalter wurde mit den Jahren immer vielseitiger. Neben den
40 Reisen zu exotischen Zielen wurde wenig später der Cluburlaub zum Erfolgsmodell.

Aus: Der Tagesspiegel: Wolfgang Duveneck: Mit Badetuch nach Spanien, im Internet unter: http://www.tagesspiegel.de/weltspiegel/reise/europa/spanien/urlaubsgeschichte-mit-badetuch-nach-spanien/1565258.html, vom 26.07.2009 und

nach: http://www.swr.de/swrinfo/urlaub-pauschalreise-tourismus-mallorca/-/id=7612/did=11101402/nid=7612/1l21cyf/index.html, vom 07.03.2013.

Aufgabe 1 1,5 Punkte

Vervollständige die folgenden Sätze mithilfe des Textes A.

a) Kurz nach dem Krieg verreisten die Leute noch nicht so oft, weil …

_____

b) Ab ungefähr 1962 unternahmen mehr Menschen eine Flugreise, weil …

_____

c) Eine Reise zu buchen, war nicht so einfach, weil …

_____

Grafik

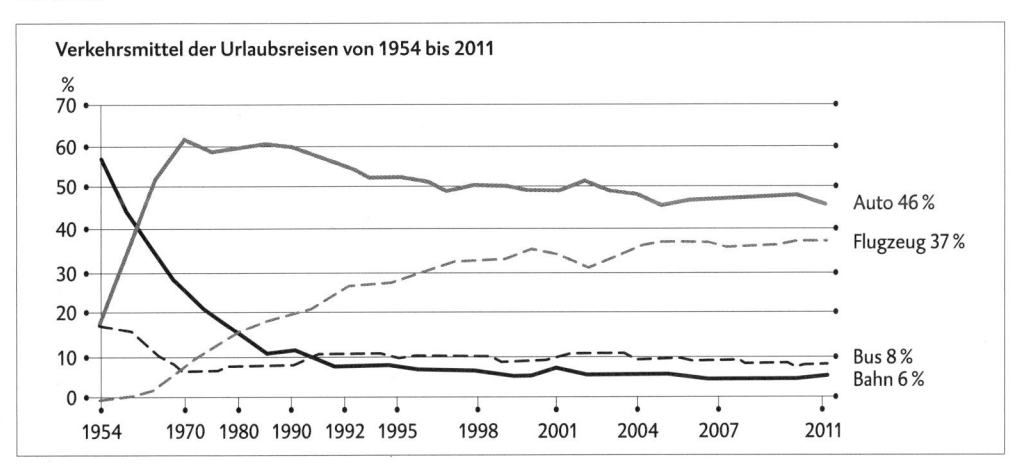

Verkehrsmittel der Urlaubsreisen von 1954 bis 2011

(Liniendiagramm mit Werten in %: Auto 46 %, Flugzeug 37 %, Bus 8 %, Bahn 6 %; Zeitachse: 1954, 1970, 1980, 1990, 1992, 1995, 1998, 2001, 2004, 2007, 2011)

Grafik nach Marc Venner, Daten nach FUR Reiseanalyse.

Aufgabe 2 3 Punkte

Betrachte die in der Grafik dargestellte Entwicklung der Verkehrsmittel „Auto", „Flugzeug" und „Bahn". Beschreibe die **Veränderung** und nenne **Gründe** dafür. Text A hilft dir dabei.

Auto: _____

_____

_____

_____

Flugzeug: _____

_____

_____

_____

Bahn: _____
_____
_____
_____

Text B

Pauschalreisen im Trend

1   Günstige Pauschalreisen liegen im Trend und machen sogar Fernreisen zum attraktiven Schnäppchenpreis möglich. Diese Art von Urlaub hat sich heute im Massentourismus durchgesetzt.

Im Reisepreis einer Pauschalreise sind die Kosten für die Unterbringung, An- und Abreise sowie individuelle Zusatzleistungen bereits inbegriffen. Pauschalurlaube werden als Städtereisen, Europa- und Fernreisen angeboten. Dabei reicht das Angebot von Städtetouren mit Bus und Bahn bis hin zu Urlauben in Australien und Nordamerika. Oft werden Pauschalreisen auch mit weiteren touristischen Highlights wie Stadtrundfahrten oder Tagesausflügen verbunden.

Die Buchung einer Pauschalreise bietet Urlaubern den Vorteil, die komplette Reisebuchung über einen Veranstalter abzuwickeln. Bei einer individuell organisierten Reise muss der Reisende dagegen Unterkunft und Verkehrsmittel extra buchen. Durchorganisierte Pauschalurlaube eignen sich für Reisende, die ihre Urlaubsplanung nicht selbst in die Hand nehmen möchten und stattdessen an den Tagesausflügen des Veranstalters teilnehmen wollen. Mit den organisierten Ausflügen werden meist alle sehenswerten Highlights am Urlaubsort ohne Organisationsaufwand „abgeklappert". Besonders beliebt sind Pauschalreisen auch bei Reisenden, die ohne Begleitung Urlaub machen und dabei Leute kennenlernen möchten.

Ein Pauschalurlaub bietet aber nicht automatisch den besten Reisepreis. Urlauber, die ihre Unterkunft individuell buchen und dazu noch einen günstigen Flugpreis im Internet mitnehmen, reisen oft billiger als Pauschalurlauber. Dafür müssen sich individuell Reisende aber auch die Mühe machen und alle Buchungen selbst in die Hand nehmen.

Nach: http://www.wallstreet-online.de/ratgeber/urlaub-staedte-und-laender/last-minute-und-fliegen/thema-pauschalreise-lohnt-sich-die-pauschale-buchung. Stand: 14. 04. 2013.

1 Punkt | **Aufgabe 3**

Lies Text B. Kreuze die richtigen Aussagen an.

a) ☐ Pauschalreisen sind billiger als individuelle Reisen.

b) ☐ Mit Pauschalreisen kann man weltweit Urlaub machen.

c) ☐ Bei einer Pauschalreise braucht man wenig Zeit zur Vorbereitung.

d) ☐ Individuelle Reisen sind bei Alleinreisenden sehr beliebt.

2 Punkte | **Aufgabe 4**

Der Aufwand bei der Vorbereitung einer individuellen Reise ist größer als bei einer Pauschalreise. Nenne vier Bereiche. Text B hilft dir dabei.

- _____
_____

- _____

- _____

- _____

Text C

Familienurlaub mit voller Kostenkontrolle

1 Eine weitere Form der Pauschalreise ist der All-inclusive-Urlaub. Diese Art von Urlaub umfasst – neben der Übernachtung im Hotel – Mittagessen und Abendessen meist in Buffetform sowie alkoholische und nicht-alkoholische Getränke, Snacks, Kaffee und Kuchen. Ein umfangreiches Sport- und Animationsprogramm gehört bei den Hotelanlagen
5 mit All-inclusive-Angeboten immer dazu.
    Der Boom der All-inclusive-Familienhotels, wie man ihn in den letzten zwanzig Jahren gesehen hat, ist nach wie vor ungebrochen. Mehr und mehr Eltern, die einen unbeschwerten Urlaub mit Kindern erleben möchten, bei dem man keine Rücksicht aufs Budget nehmen muss, entscheiden sich deshalb für einen „Familienurlaub all-inclusive"
10 in einem der unzähligen Ferienclubs in Spanien, Italien, der Türkei usw. Der Vorteil liegt auf der Hand, vor allem, wenn man mit dem Nachwuchs die Ferien verbringt: Sämtliche Speisen und Getränke im Hotel sind im Preis inbegriffen – auch das kleine Eis oder der Snack zwischendurch.
    Das Erkennungszeichen dafür, dass man die komplette Verpflegung in Anspruch
15 nimmt, ist in der Regel ein buntes Bändchen mit dem Logo des Familienhotels, in dem man wohnt. Man bekommt es bei der Anreise ausgehändigt und trägt es während des gesamten Aufenthalts sichtbar am Handgelenk. Für die Kleinen ist es gleichzeitig die Eintrittskarte zum Miniclub und zur Kinderanimation, denn auch diese sind den Gästen vorbehalten und werden von eigens geschulten Animateuren betreut. Natürlich pro-
20 fitieren auch die Eltern von dieser Kinderbetreuung und können diese Zeit zur Entspannung am Pool nutzen oder bei Sport und Wellness neue Kräfte sammeln, während ihre Sprösslinge sich mit ihren Altersgenossen austoben. Schließlich soll im Familienurlaub jeder auf seine Kosten kommen.

Nach: http://www.hinundweg.de/spezial/familienurlaub/all-inclusive. Stand: 08.03.2013.

Aufgabe 5

2 Punkte

a) Suche zur Überschrift von Text C die passende Textstelle.

_____

_____

b) Suche die Stelle in Text C, die zeigt, dass Eltern nicht nur materielle Vorteile von dieser Art des Urlaubs haben.

_____

_____

Text D

Abenteuer pur: Urlaub mit Kindern auf dem Campingplatz*

1 „Wir schlafen im Zelt, so wie die Indianer!" Geht es im Familienurlaub auf einen Campingplatz, ist der Nachwuchs begeistert und bei den Kindern kommt ganz schnell Abenteuer-Feeling auf. Schließlich verheißen die Urlaubspläne: Die Kleinen dürfen viel draußen rumtoben, der Strand beginnt gleich hinterm Campingplatz, das Rauschen des
5 Meeres ist ganz nah und piekfeine Kleidung ist gar nicht wichtig. Dafür sitzt die ganze Familie abends vor dem Zelt und zählt Sternschnuppen.
Besonders für Naturfreunde ist Urlaub auf dem Campingplatz eine tolle Alternative zum Hotelaufenthalt. Unkompliziert und ein bisschen Abenteuer, dazu ganz viel frische Luft, das Vogelgezwitscher am Morgen, das durch die Zeltplane dringt, und viel Kontakt mit
10 anderen Campern sind vorprogrammiert. Zugegeben, das muss man – die ganze Familie! – mögen. [...]
Viele Familien schwärmen, dass sie bei einem Campingurlaub besonders nahe zusammenrücken. Bei der eher spartanischen Lebensart muss ja auch – anders als im Hotel – jeder mithelfen; das Wasser wird in Kanistern von der Wasserstelle geholt oder das
15 Zeltdach muss gut gegen Wind und Wetter gesichert werden. Und abends, wenn sich die ganze Familie zum Kartenspielen zusammensetzt, erhellt eine Öllampe den Campingtisch.
Ein anderer Vorteil: Solch ein Urlaub im Zelt ist meist preisgünstiger als ein Hotelurlaub – dabei bieten viele Campingplätze eine tolle, luxuriöse Ausstattung und ein großes
20 Angebot. Und wer skeptisch ist, ob er im Zelt auf der Isomatte bequem schlafen kann, der mietet vielleicht erst einmal einen Wohnwagen, eine Hütte oder ein voll ausgestattetes Mobilheim, sozusagen zum Schnuppern der Camping-Atmosphäre. [...]
Damit man sich mit anderen Campern nicht so leicht ins Gehege kommt, verfügen manche Familienplätze in der Hochsaison über einen extra für Familien abgetrennten
25 Bereich. Hier finden die Kleinen dann auch ganz schnell Spielgefährten. Es wird vielleicht Ponyreiten, Basteln, Kinderdisco und ein Miniclub angeboten. Anderswo stehen Streichelzoo, Klettergarten oder ein kleiner Kinderfuhrpark zur Verfügung. [...]

Im Internet unter: http://www.rund-ums-baby.de/reisen/urlaub-mit-kindern-auf-dem-campingplatz.htm. Stand: 06.08.2014.

* Da der Originaltext aus rechtlichen Gründen nicht abgedruckt werden darf, hat der Verlag einen ähnlichen Text als Ersatz eingefügt. Bei der zugehörigen Aufgabe handelt es sich um die Originalaufgabe.

2,5 Punkte

Aufgabe 6

Lies Text D. Mit welchen Argumenten können Eltern ihre Kinder von einem Campingurlaub überzeugen? Nenne fünf verschiedene Argumente. Schreibe in eigenen Worten.

- _____
- _____
- _____
- _____
- _____

Aufgabe 7

3 Punkte

Im Reiseteil einer Zeitung erscheinen folgende Anzeigen:

A) **Erlebnisreicher Urlaub im Allgäu**

Traumhafter Campingplatz mit Streichelzoo, direkt am See. Zahlreiche Möglichkeiten für Sportliche und Erholungsuchende. Freizeitangebote für Kinder und Jugendliche. Einkaufsmöglichkeit und Restaurant am Platz.

Kontakt: Seeblick-schöner.de

B) **Spanien im Reisebus**

Erleben Sie die Höhepunkte spanischer Kultur, genießen Sie faszinierende Landschaften, bestaunen Sie die mittelalterlichen Städte, reisen Sie bequem und sicher im vollklimatisierten Bus in netter Gesellschaft. Unterkunft in 3-Sterne-Hotels, Vollpension, landestypische Küche.

Kontakt: Studienreisen-klüger.de

C) **10 Tage Türkei**

Schöne, moderne Hotelanlage direkt am Strand. Miniclub, Angebote für Jugendliche, Wellness, Poollandschaft.
Leistungen: Flug, Transfer zum Hotel, Vollpension (Buffet), Getränke bis 22 Uhr gratis, Ausflüge möglich. Kinder unter 6 Jahren im Zimmer der Eltern frei. Frühbucherrabatt.

Kontakt: türkeifürwenig.de

Zu welchen drei der unten aufgeführten Personen bzw. Personengruppen würden deiner Meinung nach die Angebote A, B oder C am besten passen?
Wähle aus und begründe.

Ehepaar Groß
Irene (58) und Dieter (63) mögen keine Hotels, kulturell interessiert, reisen nicht gerne in der Gruppe,
lieben exotische Länder

Familie Schwarz
Eltern:
Michael (28), beruflich stark eingespannt
Birgit (27) hat Flugangst, mag keinen Trubel
Kind: Max (3), schüchtern

Familie Schmidt
Eingeschränkte finanzielle Möglichkeiten für Urlaub
Mutter: Rita (40), alleinerziehend,
Erholung suchend,
„sonnenhungrig"
Kinder: Lisa (8) und Marvin (5),
großer Bewegungsdrang,
beide „Wasserratten"

Familie Weiß
Eltern:
Jutta (45) und Martin (43), naturverbunden, sportlich
Kinder: Jan (10) und Philipp (15), sportlich, aktiv
Lena (12), „Leseratte", tierlieb

Susanne Müller
(45), Single, kulturell interessiert

Angebote	Personen/ Personengruppe	Begründung
A)	_____	
B)	_____	
C)	_____	

25 Punkte

Aufgabe 8

Deine Klasse hat sich mit dem Thema „Urlaub" beschäftigt. Du hältst ein Referat. Schreibe auf, was du deinen Mitschülern vortragen möchtest.

Beachte folgende Punkte:
- Beschreibe das veränderte Urlaubsverhalten der Deutschen seit Mitte der 50er-Jahre.
- Erkläre die verschiedenen Urlaubsarten, die du in den Texten kennengelernt hast.
- Begründe ausführlich, welche Urlaubsart dir am besten gefallen würde.

Verwende alle vorliegenden Texte.

Beachte, dass der Text mindestens 150 Wörter umfassen muss, er kann jedoch auch länger sein. Schreibe einen eigenen Text in vollständigen Sätzen. Achte auf korrekte Sprache und Rechtschreibung. Beides wird bewertet.

Hauptschulabschlussprüfung
Baden-Württemberg – Deutsch 2015

2015-1

Kinder und Jugendliche mobil im Netz

Bearbeite die Aufgaben in der vorgegebenen Reihenfolge.
Du kannst ein Wörterbuch benutzen.
Arbeitszeit: 135 Minuten

© Wavebreakmedia Ltd/Dreamstime.de

© Monkey Business Images. Shutterstock

© ponsulak. Shutterstock

Text A

Vom Handy zum Smartphone

1 Es war schwer wie eine 0,75-Liter-Sprudelflasche und mit seiner langen Antenne sogar etwas höher: Am 13. Juni 1983 kam in den USA das erste Gerät auf den Markt, das in Deutschland später „Handy" genannt wurde. Doch zu dieser Zeit gab es den Begriff noch nicht. „Motorola Dynatac 8000x" hieß das Mobiltelefon, das für knapp 4 000 US-
5 Dollar zu haben war – in Deutschland hätte man damals dafür mindestens zwei Monatslöhne hinlegen müssen.

Heute besitzt jeder Deutsche im Schnitt 1,4 Mobilfunkgeräte. Wie sehr sich die Kommunikation verändert hat, lässt sich in den Bussen und Bahnen beobachten. Die „Dauertelefonierer" wurden von den „Wischern" abgelöst. Ständig fahren sie über das Display
10 ihres Smartphones, um im Netz mit Freunden verbunden zu sein und um Neues zu erfahren. Verabredungen sind flexibler und unverbindlicher geworden, man kann ja jederzeit zu- oder absagen. Wartet man dann doch, lässt sich die Zeit mit dem Handy verbringen – keine Pause, die sich nicht füllen ließe. Die ständige Erreichbarkeit hat ein Schwesterchen bekommen: die Daueraktivität.

15 Das Handy hat sich zum persönlichsten Medium überhaupt entwickelt. Anrufe erreichen nicht mehr die ganze Familie, sondern nur noch den Besitzer. Die Einstellungen, die Zusatzprogramme, die Vorlieben – alles ist auf die Person abgestimmt. Mit dem Zugang zum Internet und den eigenen Standortdaten findet sich für alles scheinbar auch eine individuelle Lösung – überall und zu jeder Zeit. Auch deshalb können viele nicht
20 mehr ohne Handy sein.

Nach: Gräfe Daniel: Das Handy wird 30, die Welt in einer Hand, vom 12. 6. 2013. Im Internet unter: http://www.stuttgarter-nachrichten.de/inhalt.das-handy-wird-30-die-welt-in-einer-hand.02caaf86-6535-45c5-93a3-370f01cc55ec.html

Aufgabe 1

Lies Text A und kreuze an.

		richtig	falsch
a)	In den Anfangszeiten konnte man in Deutschland ein Handy günstig erwerben.	☐	☐
b)	Heute kann man sich dank des Mobiltelefons sicher sein, dass feste Verabredungen auch eingehalten werden.	☐	☐
c)	Heute wird man in öffentlichen Verkehrsmitteln von Dauertelefonierern gestört.	☐	☐
d)	Mit dem Handy bleibt heute die Privatsphäre sogar innerhalb der Familie für jeden einzelnen erhalten.	☐	☐

Text B

Sind Smartphones für Kinder sinnvoll?

1 Kinder wünschen sich häufig ein Smartphone von ihren Eltern und begründen dies damit, dass alle anderen auch ein Smartphone hätten. Zugegeben, Handys sind schon ziemlich praktisch und je älter die Kinder werden, desto wichtiger wird das Mobiltelefon in ihrem Alltag. Ab einem gewissen Alter werden Kinder ohne ein solches Gerät schnell
5 zu Außenseitern.

Extras wie eine integrierte Kamera oder Spiele bieten den Nutzern eine willkommene Abwechslung und machen jede Menge Spaß. Die frühe Auseinandersetzung mit innovativen Technologien ist auch im Hinblick auf die Zukunft des Kindes wichtig, da die mobile Kommunikation im Alltag und im Berufsleben einen immer höheren Stellen-
10 wert einnimmt.

Von entscheidender Bedeutung für Eltern dürfte aber vor allem die Sicherheit sein, die ein Handy Kindern bietet. Zum einen kann das Kind in Notsituationen immer selbst anrufen und dadurch schnell und zuverlässig Hilfe bekommen, zum anderen haben auch die Eltern die Gewissheit, ihr Kind jederzeit erreichen zu können.

15 Darum ist es nicht immer richtig, ein Handy für Kinder grundsätzlich abzulehnen. Wichtig ist aber, dass die Eltern gemeinsam mit ihrem Kind vor dem Kauf klare Regeln zur Handynutzung aufstellen.

Grundschulkinder sind mit einem älteren Modell samt Prepaid-Karte gut ausgestattet, denn die zahlreichen Zusatzfunktionen der neuen Modelle überfordern viele. Gerade
20 Smartphones mit Internetzugang sind für Grundschüler nicht unbedingt sinnvoll, da sie die entstehenden Kosten nicht einschätzen können und nicht alle Internetseiten für sie geeignet sind. Je älter Kinder sind, desto vernünftiger können sie mit ihren Freiheiten umgehen. Deshalb sollte ein Smartphone nicht vor dem elften oder zwölften Geburtstag gekauft werden.

25 Neben Vorteilen gibt es immer Risiken – auch darauf sollten Eltern vorbereitet sein und angemessen reagieren. Zum Beispiel können unangemessene Inhalte über eine Textmitteilung, eine Bildnachricht oder den mobilen Internetzugang auf das Smartphone von Kindern und Jugendlichen gelangen.

Nach: http://www.cleankids.de/2013/01/03/ab-wann-ist-ein-handy-sinnvoll-fuer-mein-kind/32569 (Stand: 17.3.2013)
Nach: Vodafone, Bleiben Sie mit Ihrem Kind in Verbindung. Eltern-Ratgeber für den sicheren Umgang mit Handys, Düsseldorf, 2012, S. 6.

Aufgabe 2

3 Punkte

Sandra wünscht sich sehnlichst ein Smartphone zu ihrem 8. Geburtstag. Die Eltern unterhalten sich über den Wunsch ihrer Tochter. Vervollständige das Gespräch mithilfe von Text B.

VATER: Ich verstehe schon, dass Sandra auch ein Smartphone wie ihre Freundinnen haben will, weil _____

MUTTER: Ich sehe das genauso, außerdem ist es für uns von Vorteil, wenn _____

Außerdem finde ich ein Handy für Sandra gut, weil _____

Trotzdem sollten wir bedenken, dass Sandra noch zu jung ist, um _____

VATER: Das ist richtig, es besteht ja auch noch die Gefahr, dass _____

MUTTER: Ich schlage vor, dass wir einen Kompromiss finden und _____

VATER: Gut, dann werden wir ihr das nun erklären.

Text C

Risiken im Internet für Kinder und Jugendliche

1 Kinder und Jugendliche surfen nicht nur am heimischen PC, sondern haben mit ihren mobilen Geräten meist einen ungehinderten WLAN-Zugang. Das birgt viele Risiken.

Kinder können bei der Nutzung von sozialen Netzwerken schlecht einschätzen, welche Daten, die sie von sich preisgeben, schutzwürdig sind und welche nicht.

5 Partyeinladungen auf Facebook etwa können durch ein falsch gesetztes Häkchen direkt in die Katastrophe führen. Nicht immer kommt der meist kostenpflichtige Polizeischutz rechtzeitig – so wie im Fall einer Jugendlichen, deren Party in einem Hamburger Vorort 1 500 Teenager stürmen wollten. Die Schwelle, bei der Probleme anfangen, liegt viel niedriger – schon ein oder zwei Dutzend ungeladene Gäste können zum Albtraum
10 werden, insbesondere wenn Jugendliche alleine zu Hause sind.

Eine weitere Gefahr wird inzwischen in der Abhängigkeit von Smartphones bzw. von sozialen Netzwerken gesehen. Das geht so weit, dass schon eine App entwickelt wurde, die helfen soll, die Smartphone-Nutzung unter Kontrolle zu halten.

Außerdem gibt es im Internet Angebote, die nicht kindgerecht sind und oft nur einen
15 Mausklick von ganz harmlosen Seiten entfernt liegen. Besorgniserregend sind die Möglichkeiten des anonymen Mobbings. Durch die Anonymität und die schnelle Verbreitung im Netz kann dieses Problem gravierender sein als in der realen Welt. Ebenso verheerend ist es, wenn Videos die Runde machen, die für den Betroffenen peinlich sind.

Eine Gefahr für den Geldbeutel lauert in Onlinespielen, die zwar grundsätzlich gratis
20 nutzbar sind, bei denen aber Gegenstände in der virtuellen Welt auch gegen echtes Geld erworben werden können.

Nach: Mansmann, Urs: Gefahrenzone – Risiken im Internet für Kinder und Jugendliche. Heise Medien GmbH. Im Internet unter: http://www.heise.de/ct/artikel/Gefahrenzone-1353628.html, c't 21/2011

Nach: http://www.rtl.de/cms/ratgeber/menthal-app-hilft-gegen-handy-sucht-36aa6-a775-24-1772245.html (Stand: 30.5.2014)

Aufgabe 3

3 Punkte

In Text C werden verschiedene Möglichkeiten der Internetnutzung und deren Gefahren genannt. Ergänze die folgende Tabelle mit eigenen Worten.

Nutzung des Internets	Mögliche finanzielle Risiken
Facebook-Party	a)
	b)
Onlinespiele	

Text D

Ohne Smartphone geht gar nichts

1 Im Leben von Jugendlichen spielt das Smartphone eine wichtige Rolle. Sie haben sich daran gewöhnt, es überallhin mitzunehmen. Von morgens bis abends sind sie mit ihrem Handy ständig untereinander in Kontakt. Von den vielfältigen technischen Möglichkeiten sind sie begeistert, denn ihr Smartphone ist ein Multifunktionsgerät, das alle techni-
5 schen Geräte enthält, welche die Jugend gerne nutzt. Die jungen Leute können es wie einen Computer, Fotoapparat, MP3-Player, Fernseher oder ein ganz normales Telefon gebrauchen.

Die neueste Musik anhören, über soziale Netzwerke kostenlos mit Freunden kommunizieren und Fotos mit verschiedenen Effekten bearbeiten – all das kann ein Smart-
10 phone. Dafür gibt es unterschiedliche Apps auf dem Handy. Diese kann man sich einfach und schnell herunterladen, sie reichen von Spielen bis zum Wetterbericht. Das Internet auf dem Handy hat durchaus Vorteile, wenn man mitten in einer unbekannten Stadt ist, denn mit einem Navigationssystem findet jeder sein Ziel. Jugendliche finden es gut, bei Problemen eine schnelle Lösung zu haben.

15 Durch die ständige Internetverbindung ist man heute jederzeit über soziale Netzwerke wie zum Beispiel „WhatsApp" oder „Facebook" erreichbar. Wenn Jugendliche im Internet surfen, heißt das also nicht, dass sie sich von der Außenwelt distanzieren. Schließlich sind sie mit vielen Freunden gleichzeitig in Kontakt. Das kann aber zum Problem werden, wenn Schüler ihre Smartphones in die Schule mitnehmen. Die Ablen-
20 kung ist groß, viele haben Angst, Neuigkeiten zu verpassen und können sich deswegen nicht auf den Unterricht konzentrieren.

Nach: Nöldner, Luisa: Ohne Smartphone geht gar nichts, erschienen 18. 3. 2013.
Im Internet unter: http://www.moz.de/artikel-ansicht/dg/0/1/1119672

2 Punkte

Aufgabe 4

Wie erfüllen sich die Jugendlichen mithilfe von Smartphones die unten angegebenen Bedürfnisse? Ergänze die Tabelle wie im Beispiel anhand des Textes D.

Bedürfnis nach ...	Beispiele
Unterhaltung	a) *Filme wie im Fernsehen anschauen*
	b)
Information	a)
	b)
Kommunikation	

Text E

Die Anziehungskraft sozialer Netzwerke für Jugendliche

Soziale Netzwerke gehören für Jugendliche heute zum Lebensalltag. Mehr als zwei Drittel der Jugendlichen zwischen 12 und 19 Jahren sind täglich oder mehrfach pro Woche in sozialen Netzwerken aktiv. Was machen die Jugendlichen eigentlich dort? Und worin liegt die Anziehungskraft dieser Communitys?

Soziale Netzwerke können scheinbar alles. In ihnen werden Nachrichten geschrieben und es wird gechattet. Jugendliche posten ihre Gedanken, Erlebnisse oder Meinungen und können mit anderen Nutzern diskutieren. Man kann andere Profile anschauen und Gruppen zu verschiedenen Themen bilden. Es gibt Neuigkeiten aus allen möglichen Lebensbereichen wie Sport, Musik, Stars und vieles mehr. Die Nutzer können Fotos hochladen und austauschen sowie Onlinespiele machen. Kurz: In sozialen Netzwerken gibt es eigentlich immer etwas zu tun und somit gibt es immer einen Grund, sich einzuloggen und online zu sein. Alle Kontakte, Termine und Aktivitäten können im sozialen Netzwerk einfach verwaltet werden. Jugendliche haben hier alle ihre wichtigen Daten beisammen und verstehen es, ihr soziales Leben mühelos zu organisieren.

Die Anwesenheit im sozialen Netzwerk ermöglicht die ständige Verbundenheit und das ständige Kontakthalten mit den wichtigsten und engsten Freunden. Gerade für Heranwachsende, für die Gleichaltrige eine der wichtigsten Bezugsgruppen darstellen, ist dies von großer Bedeutung.

Jugendliche empfinden soziale Netzwerke als einen geschützten Raum, in dem sie sich selbst erproben können. Hier sind sie unter sich, in ihrer Wahrnehmung gibt es keine Erwachsenen. Sie fühlen sich frei und unbeobachtet und fürchten keine „erwachsene Zensur". Manche Erwachsene zeigen wenig Interesse an sozialen Netzwerken und wissen kaum etwas darüber. Daher fühlen sich die Jugendlichen als Experten auf diesem Gebiet. Für viele ist das eine wichtige Erfahrung und gerade in der Pubertät ein wichtiges Abgrenzungskriterium.

Im Netz können Jugendliche Seiten von sich zeigen, die sie im realen Leben vielleicht nicht preisgeben würden. Es ist leicht, Informationen über andere Nutzer, über deren Profile, Gruppenzugehörigkeiten oder Aktivitäten zu erhalten, und einfach, Kontakte zu Menschen zu knüpfen, die ihnen interessant erscheinen oder ähnliche Vorlieben und Interessen mit ihnen teilen.

Doch nicht zu unterschätzen ist der Gruppendruck. Man kann es sich kaum leisten, in keiner der gängigen Communitys Mitglied zu sein, wenn scheinbar „alle" dort aktiv sind. Schnell wird man zum Außenseiter, zumal die Organisation des sozialen Lebens und der gemeinsamen Aktivitäten häufig über die Netzwerke erfolgt. Hier werden Neuigkeiten gepostet, Themen diskutiert und Partys organisiert. Wer hier nicht dabei ist, kann nicht mitreden und wird zu keiner Party eingeladen.

Nach: http://www.tutoria.de/blog/unsere-kinder/faszination-soziale-netzwerke (Stand: 6. 4. 2014)

Aufgabe 5

3 Punkte

Lies Text E und bearbeite die folgenden Aufgaben.

a) „*In sozialen Netzwerken gibt es eigentlich immer etwas zu tun …*"
Nenne zwei Beispiele.

_____

_____

_____

_____

b) „Jugendliche haben hier alle wichtigen Daten beisammen und verstehen es, ihr soziales Leben mühelos zu organisieren."
Erkläre diese Aussage mit eigenen Worten.

c) „Im Netz können Jugendliche Seiten von sich zeigen, die sie im realen Leben vielleicht nicht preisgeben würden."
Erkläre diese Aussage mit eigenen Worten.

Grafik

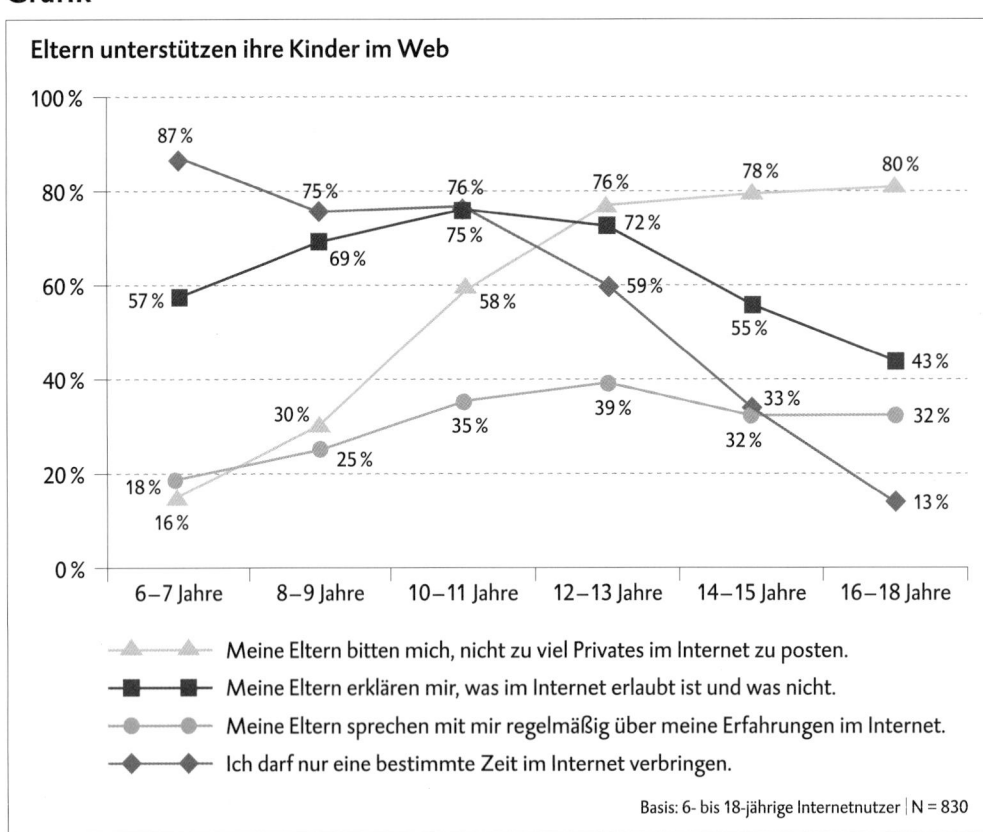

Eltern unterstützen ihre Kinder im Web

Alter	Meine Eltern bitten mich, nicht zu viel Privates im Internet zu posten.	Meine Eltern erklären mir, was im Internet erlaubt ist und was nicht.	Meine Eltern sprechen mit mir regelmäßig über meine Erfahrungen im Internet.	Ich darf nur eine bestimmte Zeit im Internet verbringen.
6–7 Jahre	16 %	57 %	18 %	87 %
8–9 Jahre	30 %	69 %	25 %	75 %
10–11 Jahre	58 %	76 %	35 %	75 %
12–13 Jahre	78 %	72 %	39 %	59 %
14–15 Jahre	80 %	55 %	33 %	32 %
16–18 Jahre	80 %	43 %	32 %	13 %

Basis: 6- bis 18-jährige Internetnutzer | N = 830

Quelle: Holdampf-Wendel, Adél: Studie „Kinder und Jugend 3.0" vom 28. 4. 2014.
Im Internet unter: http://www.bitkom.org/files/documents/140428_Jugend3.0.jpg

Aufgabe 6

Erkläre anhand einer Kurve aus der Grafik, wie sich das Interesse der Eltern an den Internetaktivitäten ihrer Kinder verändert.

2 Punkte

25 Punkte

Aufgabe 7

Du wurdest zum Schüler-Medienmentor ausgebildet. Im Rahmen eines Informationsabends für Eltern übernimmst du ein Referat zum Thema „Kinder **und** Jugendliche mobil im Netz". Schreibe deinen Vortrag so auf, wie du ihn halten würdest.

Berücksichtige dabei folgende Punkte:
- Bedeutung und Nutzung von Smartphones
- Gefahren und Risiken
- Konflikte im Alltag
- Empfehlungen an Eltern – Du darfst auch eigene Empfehlungen machen, die nicht in den Texten erwähnt sind.

Verwende alle vorliegenden Texte und die Grafik.

Beachte, dass der Text mindestens 150 Wörter umfassen muss, er kann jedoch auch länger sein. Schreibe einen eigenen Text in vollständigen Sätzen. Achte auf korrekte Sprache und Rechtschreibung. Beides wird bewertet.

Hauptschulabschlussprüfung
Baden-Württemberg – Deutsch 2016

2016-1

Stars als Vorbilder?!

Bearbeite die Aufgaben in der vorgegebenen Reihenfolge.
Du kannst ein Wörterbuch benutzen.
Arbeitszeit: 135 Minuten

© Anna Omelchenko.Shutterstock

Avda, Lizenz: CC-BY-SA 3.0

benchfrooser, Lizenz: CC-BY-SA 2.0

Text A

Teenager in der Pubertät – Stars als Identifikationsfiguren

1 Leidenschaftliche, kreischende Teenager, die stundenlang vor einer Konzerthalle ausharren, um die besten Plätze vor der Bühne zu ergattern, und Zimmer, die von oben bis unten mit Postern der Stars tapeziert sind: All dies sind Phänomene, die man aus der Pubertät kennt. Doch woran liegt es, dass vor allem Jugendliche so vernarrt in ihre Stars
5 sind?

Jugendliche befinden sich in einem Prozess des Umbruchs. Nicht nur die körperliche, sondern auch die seelische Entwicklung spielt im Alter zwischen 12 und 20 Jahren eine bedeutende Rolle. Während dieser Zeit bildet sich der individuelle Charakter aus. Dafür brauchen Teenager Orientierung und suchen nach Vorbildern.

10 Fernsehen und Internet bieten eine große Anzahl von Stars, aus denen sich Teenager genau den Star „aussuchen" können, der ihren Idealen am besten entspricht. Dieser Star kann jungen Menschen dabei helfen, sich von der Familie zu lösen und eigenständig zu werden. Auch schreiben Teenager ihrem Star oftmals die Eigenschaften zu, die sie sich für einen perfekten Partner wünschen. Dieses erträumte Idealbild dient ihnen dann als
15 Objekt der Verehrung.

Besonders häufig verehren Jugendliche Popstars. Mit ihrer Musik und ihren Songtexten schaffen sie es, einen Bezug zur Lebensrealität der Jugendlichen herzustellen, in der sie sich wiedererkennen. Doch neben der Musik ist es auch das Gemeinschaftserlebnis, das Teenager an Bands und Künstlern fasziniert. Ein Psychologe erklärt: „Der Jugend-
20 liche kann in einer Fan-Szene Geborgenheit, Orientierung und Stabilisierung finden. Außerdem wird durch die Übernahme von Modetrends und Interessen ein neues Lebensgefühl entwickelt, das er mit anderen Gleichaltrigen teilen kann." Das ist besonders in der schwierigen pubertären Phase wichtig, in der Jugendliche mit Mitschülern und Autoritätspersonen oft aneinandergeraten. In einer Fan-Gruppe, deren Mitglieder eine
25 Leidenschaft teilen, kommt es demnach weit seltener zu Konflikten, da die gemeinsame Energie auf ihren Star gerichtet wird.

Nach: www.planet-wissen.de/alltag_gesundheit/psychologie/fans/teenagerfans.jsp., Stand: 22.04.2015

Aufgabe 1

Lies Text A und kreuze an.

	richtig	falsch
a) Jugendliche wollen ihren Stars ganz nahe sein.	☐	☐
b) Jugendliche bitten Stars um Hilfe, damit sie sich von der Familie lösen können.	☐	☐
c) Jugendliche schwärmen oft für dieselben Stars und stärken sich gegenseitig.	☐	☐
d) Jugendliche entwickeln im Teenageralter ihre einzigartige Persönlichkeit.	☐	☐
e) Jugendliche machen sich für Stars zum Narren.	☐	☐
f) Jugendliche wünschen sich Stars als Partner.	☐	☐

3 Punkte

Grafik 1

Bereiche, aus denen Vorbilder und Idole von Kindern und Jugendlichen stammen

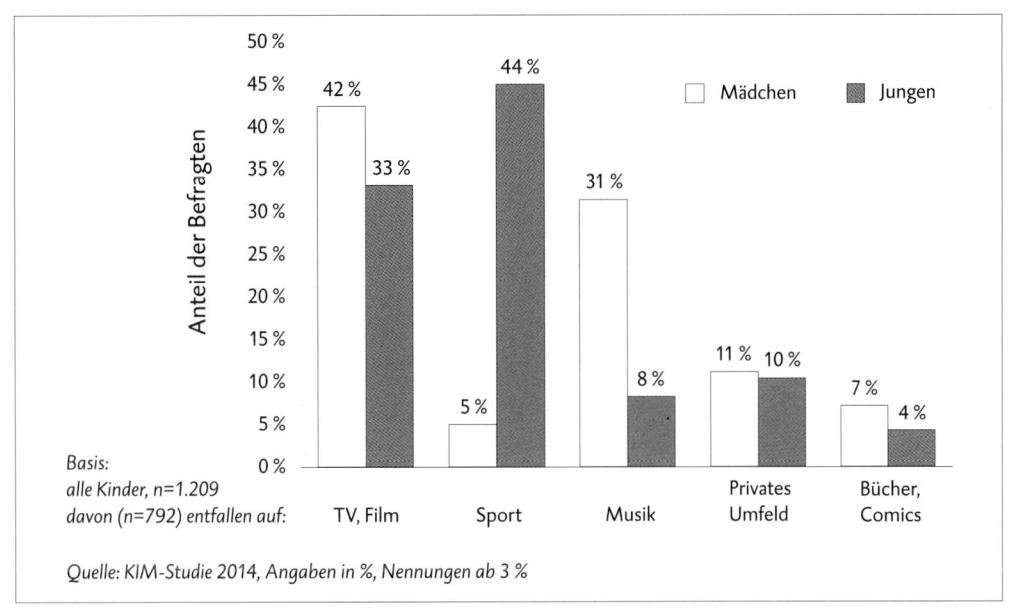

	Mädchen	Jungen
TV, Film	42 %	33 %
Sport	5 %	44 %
Musik	31 %	8 %
Privates Umfeld	11 %	10 %
Bücher, Comics	7 %	4 %

Basis: alle Kinder, n=1.209
davon (n=792) entfallen auf:

Quelle: KIM-Studie 2014, Angaben in %, Nennungen ab 3 %

In den Summen von Mädchen/Jungen werden jeweils keine 100 % erreicht, da nicht alle Befragten ihre Meinung geäußert haben.

Aufgabe 2

1 Punkt

„*Besonders häufig verehren Jugendliche Popstars.*"
Stimmt diese Aussage aus Text A mit der Grafik 1 überein? Begründe.

Text B

Helene Fischer – Erfolgsrezept eines Schlagerstars

1 Seit kurz nach halb acht sitzen die beiden schon auf ihren Plätzen, sie sind unter den ersten Gästen in der Halle. Vor einem Jahr schon hatten sie sich die Karten gekauft, jetzt, an diesem Novemberabend um kurz nach 20 Uhr, ist es
5 endlich so weit: Es darf geschunkelt werden. „Und morgen früh küss ich dich wach und wünsch mir nur diesen Tag", trällert Helene Fischer in ihr goldenes, mit Kristallen besetztes Mikrofon.

Ein paar Schlager und einen Popsong später steht die-
10 selbe Sängerin in einem langen, mit schwarzen Pailletten besetzten Outfit auf der Bühne und singt über ihre innere Leere, aus der sie aufgeweckt werden will. Mit der gleichen Leidenschaft, mit der sie zuvor ihren Liebsten anflehte, sich mehr Zeit für sie zu nehmen, dröhnt sie nun
15 einen lauten Metal-Song ins Mikro. „Als ich Helene Fischer zum ersten Mal im Fernsehen sah, konnte ich nicht mehr wegschalten", schwärmt Thomas aus Reihe sechs. „Dieser Gesang, diese Ausstrahlung, diese Vielseitigkeit."

Foto: Fred Kuhles, Lizenz: CC-BY-SA 3.0

Nach 40 Minuten Pause liegt Helene Fischer nach einem weiteren Outfitwechsel
20 rücklings auf der Bühne und rekelt sich. Sie trägt schwarze Lederhosen, derbe Bikerboots und ein mit Flammen verziertes Oberteil. Die drei jungen Niederländer aus Reihe vier springen auf, applaudieren ekstatisch im Takt eines Rock-Klassikers. Egal, ob Schüler oder Rentner, Mann oder Frau, Schunkelfreund oder Rockfan: Alle lieben Helene Fischer. 14 000 Menschen strömen an diesem trüben Novemberabend in die Köln-Are-
25 na, um ihre Helene zu erleben.

Weltweit hat Helene Fischer neun Millionen Tonträger verkauft. In den letzten Jahren war sie hierzulande eine der am häufigsten über Google gesuchten Stars. Ihre Fans können sich ein Fischer-Parfüm auf die Haut sprühen oder in ihrem eigenen Magazin blättern. Sie moderiert eine Show, die ihren Namen trägt, spielte eine Reiseleiterin auf
30 dem Traumschiff und ergatterte eine Rolle im „Tatort". Bisheriger Höhepunkt: die Siegesfeier der Fußballnationalmannschaft am Brandenburger Tor. Helene Fischer sang vor 400 000 Fußballfans vor Ort und weiteren acht Millionen vor den TV-Geräten ihren Hit „Atemlos durch die Nacht" – auf ausdrücklichen Wunsch der deutschen Nationalmannschaft.

35 Was viele nicht wissen: Helene Fischer wurde am 5. August 1984 in Krasnojarsk in Russland geboren. Ihre Großeltern gehörten zu den Wolgadeutschen, die 1941 nach Sibirien deportiert wurden. Im Alter von vier Jahren zog Fischer mit ihren Eltern und ihrer großen Schwester nach Rheinland-Pfalz. Nach ihrem Realschulabschluss ließ sich Helene Fischer zur Musical-Darstellerin ausbilden. Nach mehreren Engagements am
40 Theater schickte Fischers Mutter eine Demo-CD an den Manager einer Plattenfirma. Der erkannte das Talent der hübschen Blondine und verschaffte ihr den ersten Plattenvertrag. Bei dem Schlager-Star läuft es nicht nur beruflich gut, Helene Fischer hat auch noch eine soziale Ader und tut Gutes für andere Menschen: Sie engagiert sich bei der Stiftung „Roterkeil" als Schutzengel gegen die Ausbeutung von Kindern und Jugendlichen durch
45 Pornographie und Prostitution. Helene Fischer ist extrem sympathisch, sexy und modern – ein Fräulein Fehlerfrei?!

Zeile 1–34 nach: Lin Freitag: Erfolgsrezepte eines Schlagerstars. Das Geschäftsmodell Helene Fischer. Erschienen in: Wirtschaftswoche vom 11. 12. 2014. Im Internet unter: www.wiwo.de/erfolg/trends/erfolgsrezepte-eines-schlagerstars-das-geschaeftsmodell-helene-fischer/11077370.html

Zeile 35–46 nach: SpotOn: Helene Fischer. Schlager-Prinzessin, Phänomen und Quotenheldin. Im Internet unter: www.focus.de/kultur/vermischtes/helene-fischer-helene-fischer-schlager-prinzessin-phaenomen-und-quotenheldin_aid_ 946192.html., 22. 3. 13

Aufgabe 3

4 Punkte

Helene Fischer zeigt ihre Vielseitigkeit in verschiedenen Bereichen.
Finde jeweils zwei verschiedene Beispiele aus Text B.

Bereiche	Beispiele
Erfolg	a)
	b)
Musikstil	a)
	b)
Kleidung/Outfit	a)
	b)
Fans	a)
	b)

Text C

Kinderhilfe – eine Herzenssache für Manuel Neuer

1 Für Welttorhüter Manuel Neuer ist es selbstverständlich, den verletzten Bastian Schweinsteiger als Kapitän der DFB-Elf zu vertreten. „Ich übernehme
5 gern Verantwortung." Mit ihm besitzt der Bundestrainer einen Kapitän, der ein Ansehen genießt wie kaum ein anderer Spieler.

Es sind die beeindruckenden Leis-
10 tungen, mit denen dieser sich sein Ansehen erarbeitet hat. Kaum ein Spieler ist so zuverlässig, so gut in dem, was er macht. Bei der WM 2014

Foto: Steindy, Lizenz: CC-BY-SA 3.0

war Neuer einer der wichtigsten Spieler für den Erfolg. Unvergessen ist dabei sein
15 Einsatz im Achtelfinale gegen Algerien. In dem Spiel, das in die Verlängerung ging, bügelte er im Stile eines Verteidigers Fehler seiner teils überforderten Vorderleute aus und bewahrte das Team vor dem WM-Aus.

Er ist sehr redegewandt, nicht launisch, die Ruhe selbst und hat ein enormes Selbstvertrauen. Zweifel kennt er nicht, was nicht ausschließt, dass es auch in seinem Leben
20 Momente gibt, in denen er sich hinterfragt. Viel Kraft schöpft er aus seinem Leben außerhalb des Platzes. Star-Allüren sind dem 1,93 Meter langen Torhüter fremd. Ob-

wohl er von vielen Menschen für seine Leistungen bewundert wird, hält er sich nicht für etwas Besseres. Für ihn ist das, was ein Handwerker täglich verrichtet, genauso wichtig. Neuer redet, wenn er nicht direkt nach etwas gefragt wird, immer nur in der „Wir"-
25 Form, nur der Teamgedanke zählt für ihn.

Auch wenn er noch so bekannt ist und noch so gutes Geld verdient – Neuer hat immer auch einen Blick für sozial benachteiligte Menschen, insbesondere für Kinder. Seit 2010 engagiert sich der Welttorhüter mit der „Manuel Neuer Kids Foundation" für die Kinderhilfe in Gelsenkirchen, der Stadt, in der er aufgewachsen ist und die die größte
30 Kinderarmut in Deutschland aufweist. „Als Schüler", sagt Manuel Neuer, „habe ich mir keine Gedanken darüber gemacht, warum meine Mitschüler nicht mit zum Mittagessen gingen oder warum sie plötzlich krank geworden sind, wenn eine Klassenfahrt anstand. Heute weiß ich, dass die Eltern sich das nicht leisten konnten und sich nicht getraut haben, darüber zu sprechen." Und deshalb will Manuel Neuer helfen.

Nach: Lars Gartenschläger: Kinderhilfe ist für Manuel Neuer Herzenssache. Erschienen in: Die Welt vom 09.10.14. Im Internet unter: www.welt.de/sport/fussball/em-2016/article133067448/Kinderhilfe-ist-fuer-Manuel-Neuer-Herzenssache.html

3 Punkte

Aufgabe 4
Lies Text C. Belege die Eigenschaften von Manuel Neuer mit Textstellen und schreibe sie in die Tabelle.

	Eigenschaft	Textstelle
a)	verantwortungsvoll	
b)	bescheiden	
c)	teamfähig	
d)	hilfsbereit	
e)	selbstkritisch	
f)	erfolgsorientiert	

Text D

Maske auf – Wahnsinn da

Cro in der Stuttgarter Schleyerhalle

1 Kreisch! Es leuchten die Smartphones! Es ist sicher ein sehr großer Moment für Danny, als er von Cro auf die Bühne geholt wird, den Song „Du" singen und dann auch noch ein Selfie mit dem Rapper mit der Pandamaske machen darf – ein Moment zum Festhalten mit dem Smartphone. Davon gibt es viele bei den beiden Konzerten des Pandarappers
5 am Wochenende in der Stuttgarter Schleyerhalle. „Ja, ein Foto natürlich auch noch", nuschelt Cro ins Mikro. Er weiß, dass das viele Fans von ihm wollen. Es sind die letzten beiden Abende der „Mello"-Tour von Cro, einem der derzeit erfolgreichsten Popstars der Republik.
10 Doch wie lässt sich Erfolg von Künstlern heute messen? Ist es die Anzahl der Nummer-eins-Songs, der verkauften Alben, der Klicks auf YouTube, der Fans auf Facebook oder der Konzerte? Es ist eine Mischung aus allem.
15 Sammy ist mit ihrer Schwester beim Konzert in der Schleyerhalle, am Freitag und am Samstag. „Dass man nicht weiß, wie er genau aussieht, macht ihn noch interessanter", sagt Sammy. „Er könnte mir jederzeit über den Weg laufen, und ich würde
20 es nicht merken. Ich bin von niemandem so ein Fan wie von ihm." Sie folgt Cro und all seinen Kollegen auf Facebook, Twitter und Instagram: „Da weiß man, was er macht und wie es ihm geht oder wie er vorgibt, wie es ihm geht."
25 Die sozialen Netzwerke sind heute Teil der Inszenierung von Popstars und diese wissen, dass es heute nicht mehr ohne sie geht. Sie sind der direkte Weg der Stars zu den Fans, ohne Umwege über Manager oder Pressesprecher. Popstars sind keine unnahbaren Wesen mehr, von denen man vielleicht eine Autogrammkarte
30 zugeschickt bekommt. Heute hätte man am liebsten ein Selfie mit seinem Star, ein Foto, auf dem Künstler und Fan gemeinsam zu sehen sind. Näher geht's nicht. Cro postet Bilder von sich, von seinen neuen Turnschuhen und seinem Auto. Immer soll das Gefühl entstehen: Ich, der Mensch, der da ins Smartphone starrt, bin meinem Star ganz nah.
35 Es sind aber Konzerte, die aus Klicks echte Menschen machen: Aus virtuellen „Likes" wird Applaus und aus Instagram-Herzchen werden leuchtende Smartphones in der Halle.

Foto: Jörg Padberg, Lizenz: CC-BY-SA 3.0

In Teilen basierend auf: Anja Wasserbäch: Das Phänomen Cro – Wie er euch gefällt. Erschienen in: Stuttgarter Nachrichten vom 30.06.2015.

Text E

Interview mit Rapper Cro

REPORTER: Seit du im November 2011 deinen ersten Song „Easy" veröffentlicht hast, hat sich in deinem Leben einiges verändert. Kannst du mal versuchen, das in Worte zu fassen?

CRO: Das war einfach krass. Und zwar nicht nur für mich, sondern auch für alle Leute bei meiner Plattenfirma. Alles wurde plötzlich immer größer: das Label, die Büros, die Anzahl der Leute. Das war wirklich verrückt, einfach Wahnsinn.

REPORTER: Trotzdem behauptest du immer, dass dich dieser Wahnsinn nicht verändert habe. Das kann man sich kaum vorstellen.

CRO: Das ist aber so. Ich bin immer noch derselbe Typ wie vorher. Aber das habe ich wohl auch der Maske zu verdanken. Wenn ich daheim in Stuttgart bin, laufe ich ja nach wie vor unerkannt durch die Straßen. Es ist eigentlich ganz einfach: Maske auf – Wahnsinn da, Maske ab – Stille.

Foto: Der Robert, Lizenz: CC-BY-SA 3.0

REPORTER: Könntest du dir denn vorstellen, deine Maske unter bestimmten Umständen abzusetzen? Beispielsweise, wenn dir jemand eine hohe Geldsumme dafür bezahlen würde?

CRO: Nein, das würde ich auf keinen Fall machen. Ganz egal, wer mir dafür auch Geld bieten würde und wie viel. Die Freiheit, die mir das Tragen meiner Maske ermöglicht, ist unbezahlbar. Es ist mir wirklich wichtig, manchmal meine Ruhe zu haben und unbeschwert ganz normale Dinge tun zu können – wie Einkaufen gehen.

REPORTER: Im Song „Erinnerung" gibt es die Zeile: „Scheiß auf Musik, ich muss Kohle verdienen" – das ist aber nicht tatsächlich dein Ansatz, oder?

CRO: Nein. Es gab eine Zeit, in der es wichtiger war, erst die Schule fertig zu machen, mir einen Ausbildungsplatz zu suchen und zu arbeiten. Eine Zeit, in der noch nicht abzusehen war, dass ich mit der Musik mal Geld verdienen würde.

REPORTER: Ein Manager hat einmal gesagt, ein erfolgreicher Musiker könne sehr gut von dem leben, was er verdiene – alles andere sei Gier. Stimmst du dem zu?

CRO: Nein, Mann. Natürlich kann ich sehr gut von dem leben, was ich durch die Musik verdiene. Aber ich habe mir ein paar weitere berufliche Standbeine aufgebaut. Ich habe Büros gekauft, Firmen gegründet, Mitarbeiter eingestellt und in meine eigene Klamottenmarke investiert, denn ich will nicht nach zwei Jahren plötzlich ohne Geld dastehen. Dennoch führe ich dasselbe Leben wie früher: Ich habe mir keinen Fuhrpark mit Luxuskarossen zugelegt und trinke auch nicht nur Champagner.

Nach: Daniel Schieferdecker und Carlo Waibel: Cro, Maske auf – Wahnsinn da. Erschienen in: Planet Interview am 20.06.2014. Im Internet unter: www.planet-interview.de/interviews/cro/45237/

Aufgabe 5

2 Punkte

Lies Text D und E. Vervollständige die Sätze.

a) Cro schafft Nähe zu seinen Fans, indem er

_____

_____

b) Das Leben der Stars in sozialen Netzwerken ist nicht echt, weil

_____

_____

c) Es war nicht immer klar, dass er mit seiner Musik Geld verdienen kann, deshalb

_____

_____

d) Cro kann gut von seiner Musik leben, trotzdem

_____

_____

Aufgabe 6

2 Punkte

„*Es ist eigentlich ganz einfach: Maske auf – Wahnsinn da, Maske ab – Stille.*"
Erkläre mit eigenen Worten, was Cro damit meint.

_____

_____

_____

_____

_____

_____

Aufgabe 7

„Stars – Vorbilder für das Leben von Jugendlichen?"

Die Redakteure der neuen Jugendzeitschrift „Stars ganz nah" fordern ihre Leser auf, ihre Meinung zu dieser Schlagzeile zu äußern.
Nimm Stellung dazu und schreibe eine ausführliche E-Mail mit einer passenden Betreffzeile an die Redaktion (starsganznah@leserbrief.de).

Berücksichtige folgende Fragen:
- Welche Bedeutung haben Stars für die Entwicklung von Jugendlichen?
- Wodurch können die drei beschriebenen Stars zum Vorbild für Jugendliche werden?
- Trifft die folgende Aussage auf dein Leben zu? Begründe.
  „Teenager orientieren sich an Stars und suchen nach Vorbildern."

Verwende alle vorliegenden Texte.

Beachte, dass der Text mindestens 150 Wörter umfassen muss, er kann jedoch auch länger sein. Schreibe einen eigenen Text in vollständigen Sätzen. Achte auf korrekte Sprache und Rechtschreibung. Beides wird bewertet.

**Hauptschulabschlussprüfung
Baden-Württemberg – Deutsch 2017**

2017-1

Handwerk im Wandel

Bearbeite die Aufgaben in der vorgegebenen Reihenfolge.
Du kannst ein Wörterbuch benutzen.
Arbeitszeit: 135 Minuten

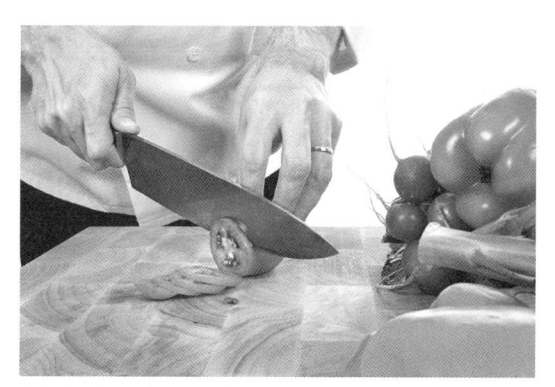

© Mike Flippo. Shutterstock

© Christine Langer-Pueschel. Shutterstock

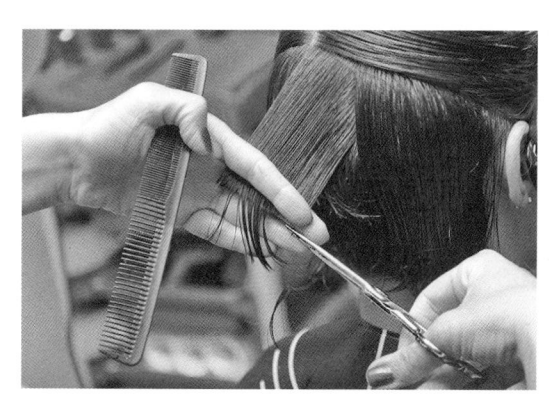

DAS HANDWERK

© Kristo-Gothard Hunor. Shutterstock

Text A

Berufe für die Zukunft?

„Entscheide dich auf jeden Fall für einen Beruf, der Zukunft hat!" – Wenn es um die Berufswahl geht, hört man diesen Satz immer wieder. Doch was soll man sich darunter genau vorstellen? Welche Berufe haben Zukunft? Gibt es überhaupt spezielle Zukunftsberufe?

Wenn du dich für einen Beruf entscheidest, ist es wichtig, dass du mit deiner Ausbildung später gute Chancen auf dem Arbeitsmarkt hast. Diese Anforderung solltest du auf jeden Fall an deinen Wunschberuf stellen. Doch oft lässt sich das nicht leicht einschätzen, denn die Arbeitswelt verändert sich ständig. Bestimmte Berufe werden zu bestimmten Zeiten mehr gebraucht, andere dafür weniger. Deswegen entstehen sogar neue Berufe und einige verschwinden manchmal ganz. Mit der schnellen Entwicklung von Computer und Internet sind in den letzten Jahren zum Beispiel die Berufe der Informationstechnik sehr wichtig geworden. Heute werden viel mehr Computerspezialisten gebraucht als früher, also werden auch deutlich mehr Menschen für diese Berufe ausgebildet. In ein paar Jahren kann die Situation aber schon wieder anders aussehen und es wird neue Berufsfelder geben, in denen andere Fachkräfte gebraucht werden. Es ist also schwer vorherzusagen, ob ein Beruf Zukunft hat.

Die menschliche Arbeitskraft wird immer mehr durch Technik und Maschinen ersetzt, so wurden zum Beispiel viele Bankangestellte durch Bankautomaten und Online-Banking überflüssig. Doch Maschinen und Roboter können nicht alle Arbeiten und Dienstleistungen übernehmen. Nach wie vor werden Menschen gebraucht, die eine neue Heizung installieren, sich um dein Wohlbefinden kümmern oder eine neue Küche einbauen. Ob als Installateur[1], Friseur oder als Schreiner – mit vielen Berufen wirst du, egal ob als Junge oder als Mädchen, auch weiterhin gute Chancen auf dem Arbeitsmarkt haben. Das Wichtigste ist, dass du einen Beruf findest, der gut zu dir passt. Nur wenn du den Beruf gerne ausübst, wirst du auch gut darin sein. Und nur wenn du gut bist, hast du auch gute Zukunftsaussichten. Deshalb solltest du nie nur danach fragen, welche Berufe möglicherweise Zukunft haben, sondern vor allem überlegen, welche Berufe dich interessieren. Wenn du mehrere Berufe gefunden hast, die für dich in Frage kommen, dann kannst du prüfen, bei welchen von ihnen besonders gute Beschäftigungsaussichten bestehen.

Nach: http://www.beroobi.de/hol-dir-infos/dein-weg-zum-beruf/zukunftsberufe.htm (Stand: 17.02.2016)

---

1 Aus Gründen der besseren Lesbarkeit wird auf die gleichzeitige Verwendung männlicher und weiblicher Sprachformen verzichtet. Sämtliche Personenbezeichnungen gelten für beiderlei Geschlecht.

Aufgabe 1

Ergänze die folgenden Sätze entsprechend den Aussagen des Textes A.

a) Es ist schwer vorherzusagen, ob ein Beruf Zukunft hat, weil ...

_____

_____

b) Gute Zukunftsaussichten haben Berufe, bei denen Arbeiten oder Dienstleistungen nicht ...

_____

_____

c) Fachkräfte werden immer wieder benötigt, weil man Menschen braucht, die ...

_____

_____

Aufgabe 2

Erkläre den folgenden Slogan mit eigenen Worten.

1 Punkt

> WWW.HANDWERK.DE
>
> **Alles, was nicht von Händen geschaffen wurde, wurde von Maschinen geschaffen, die von Händen geschaffen wurden.**
>
> **DAS HANDWERK**
> DIE WIRTSCHAFTSMACHT. VON NEBENAN.

© Zentralverband des Deutschen Handwerks (ZDH)

_____

_____

_____

_____

Text B

Schornsteinfeger – ein vielseitiger Beruf mit Zukunft

Traditionell gelten Schornsteinfeger als Glücksbringer. Warum eigentlich?

1 Ein Schornsteinfeger erzählt: „Im Mittelalter kam es immer wieder zu verheerenden Haus- und Stadtbränden, vor denen die Menschen große Angst hatten. Deshalb nahmen sie die Dienste der ersten Kaminkehrer dankbar an. Glücklich waren sie, wenn ein Kaminkehrer ins Haus kam und die Feuerstätten in den Häusern reinigte. Er sorgte dafür,
5 dass Brände gar nicht erst entstehen konnten. Als einzelne Städte im 14. und 15. Jahrhundert Feuerordnungen erließen, wurden die Kaminkehrer sesshaft, der Berufsstand der Schornsteinfeger entwickelte sich."

Im Gespräch mit Schornsteinfegern wird schnell deutlich, wie sehr sich das Berufsbild seit dem Mittelalter verändert hat. Sie arbeiten zwar immer noch mit Besen und Kehr-
10 leine[1], aber die moderne Technik ist inzwischen genauso wichtig. Während vor über drei Jahrzehnten die Arbeit des Schornsteinfegers überwiegend aus dem Kehren von Kaminen bestand, macht die Messtätigkeit heute über die Hälfte der Tätigkeit aus. In Städten mit wenigen Holzheizungen ist das Kehren sogar fast ganz verschwunden.

Michael, ein Auszubildender, hat sich nach seinem Schulabschluss für eine Ausbildung
15 zum Schornsteinfeger entschieden – dabei wollte er ursprünglich Maurer werden. Doch während seiner Schulzeit absolvierte er ein Praktikum bei seinem jetzigen Chef und war begeistert: „Ich hätte vorher nie gedacht, dass mir der Beruf so viel Spaß machen würde!" Was ist es genau, das ihm an diesem Handwerk gefällt? „Der Beruf ist vielseitig und abwechslungsreich, ich bin draußen und komme viel mit Leuten zusammen", erzählt der
20 16-Jährige begeistert. „Die Zukunftsaussichten für Schornsteinfeger sind durchaus positiv", sagt Michaels Meister, „viele haben falsche Vorstellungen. Sie denken, der Schornsteinfeger geht aufs Dach, fegt den Schornstein und das war's. Das stimmt so nicht mehr. Es sind viele Tätigkeitsbereiche in den letzten Jahren hinzugekommen."

Deswegen sind die Aufgaben, die Michael in seiner dreijährigen Ausbildung zu lernen
25 hat, enorm vielfältig. Bei regelmäßigen Kontrollen sorgt er dafür, dass Kamine, Heizungs- und Lüftungsanlagen sauber sind und einwandfrei funktionieren. Dazu steigt er auch auf

1 *Arbeitsgerät zum Reinigen von Kaminen*

Dächer und reinigt Schornsteine. Mit speziellen Messgeräten überprüft er die Heizungsanlage. Er misst zum Beispiel die Heizungsabgase auf darin enthaltene Schadstoffe. Noch in diesem Jahr startet der junge Schornsteinfeger zusätzlich eine Fortbildung, die ihn als
30 Fachkraft für Rauchwarnmelder qualifiziert.

Auch Magdalena hat sich für den Beruf des Schornsteinfegers entschieden, weil sie nicht den ganzen Tag im Büro sitzen wollte. Dass ihr Meister sich nun zum ersten Mal für eine junge Frau als Auszubildende entschieden hat, liegt nicht nur daran, dass sie schwindelfrei und körperlich fit ist. Auch die Schulnoten hätten eine große Rolle gespielt,
35 schließlich müssten Schornsteinfeger heute viel mehr können, als nur über eine lange Leiter aufs Dach hinaufzusteigen. „Einen guten Schornsteinfeger zeichnet aus, dass er nicht nur putzen, sondern auch gut rechnen kann. Ebenso wichtig sind Feingefühl und Vorsicht", sagt ein Schornsteinfegermeister. Er ist sich jedenfalls sicher, dass auch Frauen für diesen Beruf geeignet sind.

40 Schornsteinfeger sind heute Experten für Brand-, Umwelt- und Klimaschutz. Außerdem zeigen sie Möglichkeiten auf, wie beim Heizen Energie gespart werden kann. Zum Tagesgeschäft gehört es, Kunden in all diesen Fragen zu beraten. Daher ist ein seriöses, offenes und freundliches Auftreten sehr wichtig.

Stark verändert nach: http://www.idowa.de/inhalt.eine-portion-glueck-bitte-schornsteinfeger-ein-vielseitiger-beruf-mit-zukunft.b3aca6af-6c09-4d47-b8e5-6674ff70584a.html (Stand: 30. 03. 2016) und http.//www.wz.de/lokales/rhein-kreis-neuss/dringend-nachwuchs-bei-schornsteinfegern-gesucht-1.1415841 (Stand: 30. 03. 2016)

1 Punkt

Aufgabe 3

Lies Text B. Erkläre, warum der Beruf des Schornsteinfegers auch künftig noch wichtig sein wird. Nenne zwei Gründe.

1,5 Punkte

Aufgabe 4

Du willst dich um einen Ausbildungsplatz als Schornsteinfeger bewerben. Schreibe je eine Aussage unter Berücksichtigung des Textes B.

Verwende die vorgegebenen Satzanfänge:

a) Ich bin _____

b) Ich habe _____

c) Mir gefällt _____

Text C

Der Friseurberuf früher und heute

Der Friseur gilt als einer der kreativsten Berufe überhaupt. Ein guter Friseur verhilft dem Kunden nicht nur zu einem neuen Look und lässt ihn wieder in voller Schönheit erstrahlen – er ist in einer Person Berater, Manager, „Psychiater", guter Freund und vor allem ein Vertrauter seines Kunden. Allerdings hat der Friseurberuf eine wechselvolle Geschichte hinter sich.

Seinen Ursprung hat der Beruf des Friseurs im Badergewerbe des Mittelalters. Der Bader kümmerte sich um die Bart- und Körperpflege der Menschen und behandelte Krankheiten. Er bot zusätzlich kleinere medizinische Behandlungen an, wie das Ziehen von Zähnen und Wundbehandlungen.

Im 16. Jahrhundert entstand in Paris der Beruf des Perückenmachers. Prächtige Perücken dieser Zeit mussten in mühseliger Handarbeit gefertigt und gepflegt werden. Diesen kostspieligen Luxus konnten sich nur die Adligen leisten. Die Perückenmacher genossen einen hohen gesellschaftlichen Status und wurden als Künstler betrachtet. Mit der französischen Revolution endete diese Mode und dieser Beruf verlor an Bedeutung.

Anfang des 20. Jahrhunderts veränderte sich das Berufsbild grundlegend und führte zu dem Friseurberuf, wie wir ihn kennen. Maschinell hergestellte Haarpflegeprodukte, Zeitschriften mit aktueller Haarmode und Werbung beeinflussten den Geschmack der Menschen. Heute zählen Fußballer, Filmstars, Models und andere Promis zu den Trendsettern in der Haarmode, denen viele Menschen nacheifern möchten. Die Haarmode unterliegt einem ständigen Wandel, lange oder kurze Haare wechseln sich ab mit glatten oder lockigen. Deshalb müssen die Friseure schnell auf Trends reagieren, neue Ideen einbringen und mit Freude am Kunden arbeiten. Mit der Zeit wurden auch die Kunden immer anspruchsvoller: Es reicht heute nicht mehr, nur einen tollen Schnitt mit einer zeitgemäßen Farbe zu machen, nein, die Kunden wollen ein Erlebnis haben und sich wohl fühlen.

So ist es nicht verwunderlich, dass Friseure neben Schnitten und Farben heute eine Vielzahl von zusätzlichen Service- und Dienstleistungen anbieten, um dem Kunden ein perfektes Erlebnis zu vermitteln. Haar-Extensions, aktuelle Make-up- und Styling-Tipps gehören zum Alltag, doch treten immer mehr Beauty- und Wellness-Angebote in den Vordergrund. Massagen, Peelings und spezielle Pflegebehandlungen erobern die Salons.

Nach: http://www.outfit-hamburg.de/allgemein/der-friseur-frueher-und-heute/ (Stand: 29.02.2016)

Aufgabe 5

Lies Text C. Beschreibe, wodurch sich der Beruf des Friseurs zu Beginn des 20. Jahrhunderts grundlegend veränderte.

Aufgabe 6

Erkläre mithilfe von Text C, warum der Beruf des Friseurs nicht verschwinden wird.

2 Punkte

Aufgabe 7

Ergänze die folgenden Sätze mithilfe des Textes C.

a) Obwohl er kein Arzt war, behandelte der _____ Patienten.

b) Die Arbeit des _____ konnten sich nur Reiche leisten.

c) Friseure müssen heute _____ sein, weil die Kunden immer individuellere Wünsche haben.

d) Friseure bieten heute verschiedene _____ an.

Text D

Gastronomieberufe im Trend?

1 Essen und Trinken spielen in der Geschichte der Menschheit eine wichtige Rolle. Bereits in der Antike entwickelte sich der Berufsstand des Kochs. Im Mittelalter arbeiteten Köche in den Klosterküchen und entwickelten diese weiter. Adlige oder wohlhabende Familien zeigten ihren Luxus durch üppige Mahlzeiten bei Festen. Diese Mahlzeiten bereiteten
5 ganze Küchenmannschaften unter der Aufsicht eines Küchenmeisters in den Großküchen der herrschaftlichen Schlösser zu. Der Beruf des Küchenmeisters war eine begehrte Stelle am Hof.

Im 18. Jahrhundert veränderte sich die Arbeit in der Küche grundlegend. Der erste Herd mit einer rundum geschlossenen Feuerstelle wurde erfunden. Seit dem 19. Jahr-
10 hundert eroberten verschiedene Kochmaschinen die Küchen und erleichterten dem Koch die Arbeit. In der heutigen Zeit kocht er auf modernen Herden, die elektrisch oder mit Gas betrieben werden. Durch Kochen, Braten, Dämpfen oder andere Verfahren bereitet der Koch schmackhafte und nahrhafte Speisen zu.

Heutzutage soll Essen nicht mehr nur satt machen, sondern auch appetitlich aussehen,
15 duften und schmecken. Die große Mehrheit der Bevölkerung geht gerne zu besonderen Anlässen in ein Gasthaus, um sich mit gutem Essen verwöhnen zu lassen. Die meisten Menschen genießen Mahlzeiten besonders dann, wenn sie diese mit anderen einnehmen. Viele essen regelmäßig mindestens einmal täglich in Gesellschaft von Freunden, Familienangehörigen oder Arbeitskollegen.

20 In den letzten Jahren haben sich die Essgewohnheiten verändert, was sich auch daran zeigt, dass immer mehr Menschen auswärts essen. Dies führte zu einer Zunahme der Gastronomiebetriebe. Neben Feinschmeckerrestaurants mit gehobener Küche und Traditionsgasthäusern gibt es aber auch Cateringbetriebe, die große Gesellschaften bewirten. Immer wichtiger werden auch Kantinen, in denen zum Beispiel die Arbeitnehmer von
25 Unternehmen oder Schüler essen können.

Ein bekannter Gastronom gibt angehenden Köchen Folgendes mit auf den Weg: „Oft denkt man bei unserem Beruf ja daran, dass alles so schlecht ist: Viele Stunden in der Küche, kein Privatleben und eine schlechte Bezahlung sind die Vorurteile. Jedoch kann unser Beruf extrem spannend und kreativ sein! Jedem, der mit dem Gedanken spielt Koch
30 zu werden, rate ich, nicht den leichtesten Weg zu gehen, sondern sich eine gute Ausbildungsstätte zu suchen. Man bekommt dort die Grundlagen vermittelt und kann dann im Laufe seiner Karriere darauf aufbauen. Wenig andere Branchen bieten solche Entwicklungsmöglichkeiten. Man kann zum Beispiel auch im Ausland Erfahrungen sammeln. Ich würde allen jungen Menschen einen Auslandsaufenthalt nahelegen. Lernt
35 andere Kulturen, andere Kochstile und fremde Einflüsse kennen und integriert sie in euren Stil! So entwickelt ihr eine eigene Handschrift."

Wer Koch werden will, muss vor allem Leidenschaft mitbringen. Sonst sind die Belastungen, die bei einem Job am Herd die Regel sind, nicht auszuhalten", sagt ein Küchen-

chef und Ausbilder. „Ungefähr 50 Prozent der Lehrlinge brechen ab. Nicht jeder ist dem
40 Stress und der Hektik gewachsen." Die Zukunftsaussichten schätzt er als gut ein. „Gegessen wird immer, Köche werden immer benötigt."

Die Essenszubereitung ist dabei nur eine Aufgabe im Beruf. Köche müssen Menüfolgen erstellen und Gäste beraten. Daneben ist handwerkliches Geschick unerlässlich. Das wird zum Beispiel gebraucht, um Teller appetitlich anzurichten und schön zu dekorieren.
45 Außerdem müssen Köche heutzutage wirtschaftlich mitdenken, wenn es darum geht, bei Lebensmitteln die Preise und die Qualität zu vergleichen, Veranstaltungen zu planen, die Essensmenge zu kalkulieren sowie Lieferbedingungen auszuhandeln.

Nach: Sabine Meuter, Der Tagesspiegel am 30.11.2015; http://www.tagesspiegel.de/wirtschaft/beruf-koch-die-pfanne-im-griff/12646788.html, Z. 13-48 (Stand: 17. 02. 2016)

Nach: Wolfgang Weigler, Isabell Karch; http://gastgewerbe-magazin.de/liebe-leidenschaft-und-demut-vor-lebensmitteln-im-interview-mit-koch-und-eventgastronom-wolfgang-weigler-36425; Z. 26-36 (Stand: 08. 05. 2016)

Nach: Viktoria Hübner; https://www.hildesheimer-allgemeine.de/koch.html, Z. 38-41 (Stand: 08. 05. 2016)

Aufgabe 8

5 Punkte

Lies Text D und vervollständige das Cluster.

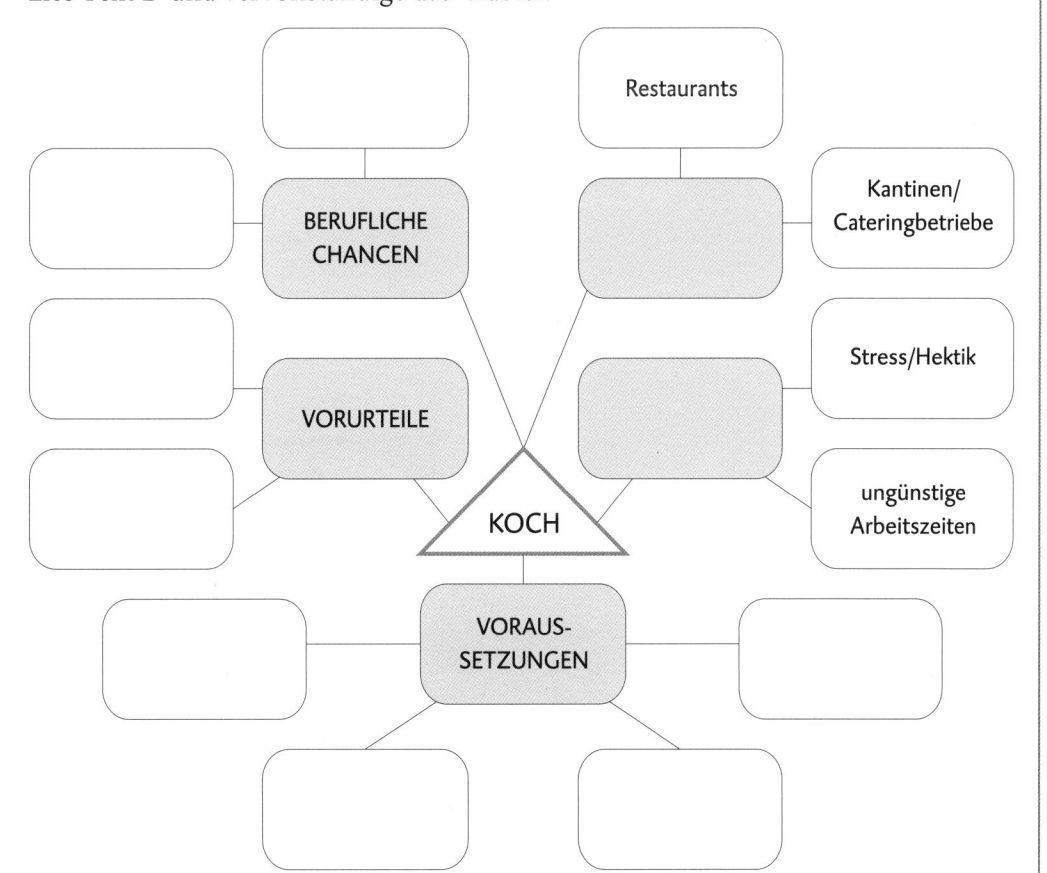

Grafik

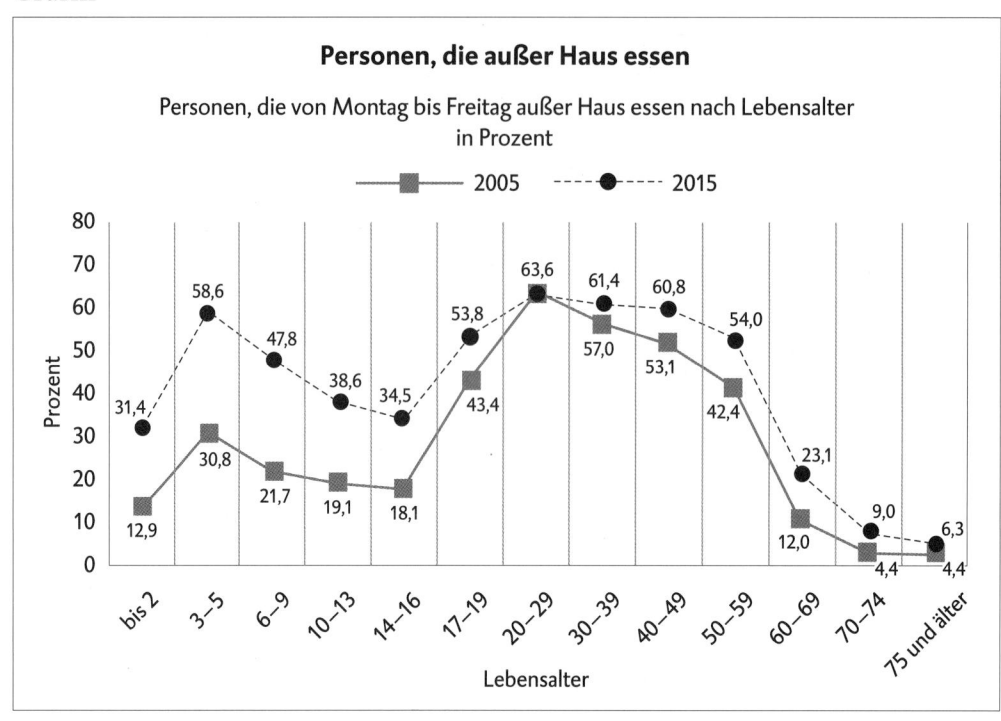

Personen, die außer Haus essen

Personen, die von Montag bis Freitag außer Haus essen nach Lebensalter in Prozent

— 2005   ----●---- 2015

Lebensalter	2005	2015
bis 2	12,9	31,4
3–5	30,8	58,6
6–9	21,7	47,8
10–13	19,1	38,6
14–16	18,1	34,5
17–19	43,4	53,8
20–29	63,6	63,6
30–39	57,0	61,4
40–49	53,1	60,8
50–59	42,4	54,0
60–69	12,0	23,1
70–74	4,4	9,0
75 und älter	4,4	6,3

Quelle: GFK CONSUMERSCAN

Aufgabe 9

Begründe mithilfe des Textes D und den beiden Kurven aus der Grafik, warum Berufe in der Gastronomie eine Zukunft haben.

a) Text:

b) Grafik:

Aufgabe 10

Du hast eine Ausbildungsmesse des Handwerks besucht, bei der Mädchen und Jungen über Berufe informiert wurden. Nun berichtest du deinen Mitschülerinnen und Mitschülern in einem Vortrag darüber.

Schreibe auf, was du ihnen sagen möchtest.

Berücksichtige folgende Punkte:
- Erkläre, warum die in den Texten beschriebenen Berufe wichtig **waren**.
- Erkläre, warum diese Berufe auch heute noch wichtig **sind**.
- Gib eigene Tipps zur Berufswahl mithilfe der Informationen aus den Texten.
- Verwende in deinem Vortrag das chinesische Sprichwort:
  „Wenn du ein Leben lang glücklich sein willst, liebe deine Arbeit."
  Erkläre, was du damit meinst.

Verwende alle vorliegenden Texte.

Beachte, dass der Text **mindestens 150 Wörter** umfassen muss, er kann jedoch auch länger sein. Schreibe einen eigenen Text in vollständigen Sätzen. Achte auf korrekte Sprache und Rechtschreibung. Beides wird bewertet.

25 Punkte

Hauptschulabschlussprüfung
Baden-Württemberg – Deutsch 2018

2018-1

Aktiv in der Freizeit

Bearbeite die Aufgaben in der vorgegebenen Reihenfolge.
Du kannst ein Wörterbuch benutzen.
Arbeitszeit: 135 Minuten
Aus Gründen der besseren Lesbarkeit wird auf die gleichzeitige Verwendung männlicher und weiblicher Sprachformen verzichtet. Sämtliche Personenbezeichnungen gelten für beiderlei Geschlecht.

© Sarah Jessup. Shutterstock

Text A

Ein Jugendhaus für jeden Ort?!

1 Jugendliche brauchen einen Platz, an dem sie ihre Freizeit miteinander verbringen können, sich treffen und sich aufhalten können. Jugendhäuser sind dazu da, entsprechend den Bedürfnissen der Jugendlichen vielfältige Angebote zu machen und interessante Veranstaltungen zu organisieren. Aber auch für diejenigen, die nur einen Ort suchen, um sich
5 zu treffen und in Ruhe zu chillen und zu reden, ist im Jugendhaus genügend Raum.

Gleichzeitig werden Jugendliche darin unterstützt, ihre Freizeit eigenverantwortlich in die Hand zu nehmen, indem sie im Jugendhaus mithelfen können und in die Auswahl der Angebote einbezogen werden. Motivierte Jugendliche finden im Jugendhaus jederzeit eine attraktive Aufgabe, bei der sie vom einfachen Besucher zum kreativen Mitgestalter
10 werden. Außerdem braucht ein Jugendhaus immer freiwillige Helfer: sei es bei der Durchführung von Kicker-Turnieren, beim täglichen gemeinsamen Kochen, bei regelmäßig stattfindenden Spiele-Abenden oder beim besonderen Ferienprogramm.

Tanzen, Spielen, Singen oder Werken – manche Aktivitäten für Jugendliche wirken auf den ersten Blick „einfach". Doch diese alltäglichen Angebote sind für eine gelungene
15 körperliche und geistige Entfaltung bedeutsam. Darüber hinaus haben Jugendliche die Möglichkeit, ganz besondere Projekte zur Stärkung ihrer persönlichen Entwicklung wahrzunehmen:

Beim Filmdrehen mit Medienexperten werden Kreativität und technisches Wissen, räumliches Denken und erzählerische Ausdruckskraft geschult.

20 In Werkstätten, die manche Jugendhäuser haben, werden Workshops angeboten, bei denen mit professionellen Werkzeugen wie zum Beispiel Schweißgeräten, Siebdruckmaschinen oder Lasercuttern gearbeitet werden kann. Damit lassen sich handfeste Ergebnisse herstellen, die die Sinne für Physik, Technik und Handwerk schärfen und die spätere Berufswahl beeinflussen können.

25 Selbst die Kleinen werden früh gefördert: In Kochkursen üben Kinder spielerisch das Rechnen. Schließlich müssen die Mengenangaben eines Rezeptes auf die Anzahl der zu bewirtenden Gäste umgerechnet werden.

Das Jugendhaus ermöglicht den Besuchern, Eigeninitiative zu ergreifen und Mitverantwortung zu übernehmen. Die Mitarbeiter des Jugendhauses geben den Jugendlichen An-
30 regungen und Hilfestellungen, um Projekte, Angebote und Aktivitäten eigenverantwortlich durchzuführen und sich aktiv am Jugendhausalltag zu beteiligen. So erkennen die Jugendlichen, dass Mitbestimmung möglich ist. Sie lernen, eigene Interessen zu vertreten und Meinungen anderer zu akzeptieren. So werden sie gut auf ihr späteres Berufsleben

vorbereitet. Dort müssen sie auch Verantwortung übernehmen, Konflikte bewältigen und im Team arbeiten.

Die Mitarbeiter der Jugendhäuser sind Vertrauenspersonen für die Jugendlichen – sie sind Ansprechpartner und Berater bei Fragen und Problemen und haben immer ein offenes Ohr für die Belange der Heranwachsenden.

Das Jugendhaus ist auch eine Begegnungsstätte für Jugendliche aus verschiedenen Kulturen. Jeder junge Mensch bringt seine eigenen Meinungen, Vorstellungen, Religion und Lebensweise mit. Hier treffen Punks auf Rocker, Musiker auf Sportler, Hip-Hopper auf Skater, Zwölfjährige auf Siebzehnjährige.

Durch dieses Miteinander und den gegenseitigen Austausch lernen alle, Unterschiede zu respektieren und zuzulassen.

Foto: copyright © 2002 Jugendhaus Schönau verantwortl.: Andreas Bauder
Text basierend auf: http://www.uhingen.de/freizeit_buerger_aktiv/jugendhaus/ziele_der_offenen_kinder_und_jugendarbeit (Stand: 21.02.2017) und www.jugendhaus.net (Stand: 22.03.2017)

Aufgabe 1

3 Punkte

Ergänze die Mindmap mit jeweils drei Beispielen aus Text A.

Alltägliche Angebote

- ein Ort, um sich zu treffen und in Ruhe zu chillen und zu reden
- _____
- _____
- _____

Besondere Projekte

- Kicker-Turniere
- _____
- _____
- _____

Angebote im Jugendhaus

Aufgabe 2

1,5 Punkte

Finde für jeden der folgenden Sätze jeweils eine passende Textstelle aus Text A, die der jeweiligen Aussage entspricht und schreibe sie auf.

Jugendliche können das Jugendhaus besuchen, ohne mitzuarbeiten.

_____
_____

Die Mitarbeiter der Jugendhäuser beraten junge Menschen.

_____
_____

Im Jugendhaus können die Jugendlichen Verantwortung übernehmen.

Text B

Das machen die Deutschen in ihrer Freizeit am liebsten

1 Ein Fitnessstudio besuchen, am Computer spielen, in die Kletterhalle gehen, im Verein Fußball spielen – die Auswahl an Freizeitbeschäftigungen in Deutschland wächst ständig. Die Freizeitbranche hat für jeden etwas zu bieten, sei es sportlich oder medial, draußen oder drinnen, allein oder gemeinsam, kostenlos oder kostenintensiv. Doch trotz all der
5 vielfältigen Möglichkeiten, seine Freizeit zu gestalten, bleibt das Fernsehen die mit Abstand häufigste Freizeitaktivität aller Deutschen ab 14 Jahren. So geben 97 Prozent der Befragten einer Umfrage an, mindestens einmal pro Woche fernzusehen. Seit den 1950er-Jahren ist das Fernsehen noch immer die liebste Freizeitbeschäftigung von Jung und Alt. Es ist das „Lagerfeuer" im Wohnzimmer, doch heutzutage trägt es dazu bei, dass
10 persönliche Kontakte immer seltener werden.

Freunde im Jugendhaus treffen? Mal zu Oma fahren? Heutzutage werden persönliche Begegnungen bei vielen Menschen auch deshalb seltener, weil neben dem Fernsehkonsum moderne Medien Kontakte von Angesicht zu Angesicht ersetzen. Immer mehr Dinge können online erledigt werden: Man bestellt Kleidung und Schuhe, „trifft" Freunde
15 in sozialen Netzwerken, nutzt Spiele-Apps zum Zeitvertreib und streamt Musik und Filme auf den PC oder das Handy.

In den vergangenen fünf Jahren ist die Nutzung des Internets mit Abstand der größte Gewinner unter den Freizeitaktivitäten. Drei Viertel der Befragten surfen inzwischen regelmäßig im Netz. Ein Smartphone als mobiler Alleskönner besitzen zwei Drittel der
20 Befragten. Je jünger die Besitzer sind, desto mehr Funktionen des Smartphones verwenden sie. Insbesondere für Jugendliche ist der Gebrauch von Smartphones nicht nur Zeitvertreib. Mit dem Smartphone werden Verabredungen geplant, soziale Kontakte gepflegt oder sportliche Erfolge dokumentiert. Häufig werden sogar mehrere Medien gleichzeitig genutzt. So sitzen beispielsweise viele Menschen mit dem Tablet und dem Handy vor
25 dem Fernseher, während im Hintergrund Musik läuft.

Die Häufigkeit der persönlichen Begegnungen, wie regelmäßige Unternehmungen und Treffen mit Freunden zu Hause oder Besuche von Enkeln bei ihren Großeltern, hat sich in den letzten Jahren verändert. Professor Reinhardt von der Gesellschaft für Konsumforschung stellt fest: „Wir haben heute weniger freie Zeit durch mehr Auswahl für
30 die Freizeitgestaltung." Darunter leidet auch die Zeit für Freunde und für die Familie. „Viele haben Angst, etwas zu verpassen", sagt der Forscher. Anstatt sich tatsächlich zu treffen, um über wichtige Dinge zu reden, tauschen sich 70 Prozent der Befragten heute regelmäßig mithilfe von Kurznachrichten oder Fotos in sozialen Netzwerken aus. „Dieser Austausch ist meist oberflächlicher oder belangloser als eine echte Begegnung", sagt
35 Professor Reinhardt.

Sportliche Aktivitäten haben laut der Umfrage zugenommen. Etwa jeder zehnte Befragte schwitzt im Fitnessstudio oder geht joggen. Noch mehr Menschen fahren Rad oder betreiben eine andere Sportart. Etwas für die Gesundheit zu tun, liegt im Trend.

Mehr Zeit nehmen sich die Menschen für die Besuche von Rock- und Popkonzerten,
40 Kino und Volksfesten. Oper, Theater und Ballett hingegen werden nicht mehr so häufig besucht. Insgesamt nimmt das Bedürfnis nach Ruhe zu, weil nicht nur die Schule, sondern auch die Freizeit stressiger geworden ist. Rund die Hälfte der Befragten liebt es, einfach mal nichts zu tun und zu faulenzen.

Text basierend auf: https://www.derwesten.de/panorama/so-verbringen-die-deutschen-ihre-freizeit-am-liebsten-id12133521.html (Stand: 23.02.2017)

Aufgabe 3

1,5 Punkte

Wähle aus den Erklärungen diejenigen aus, die den Aussagen aus Text B entsprechen und kreuze sie an.

Moderne Medien ersetzen Kontakte von Angesicht zu Angesicht.

a) ☐ Wenn man sich trifft, muss man sich ins Gesicht schauen.

b) ☐ Mit modernen Medien macht man beim Treffen ein Selfie.

c) ☐ Weil es moderne Medien gibt, muss man sich nicht unbedingt persönlich treffen.

Die Nutzung des Internets ist mit Abstand der größte Gewinner unter den Freizeitaktivitäten.

a) ☐ Wenn man ins Internet geht, kann man einen Preis für eine Freizeitaktivität gewinnen.

b) ☐ Die Anzahl der Menschen, die in ihrer Freizeit ins Internet gehen, hat in den letzten Jahren stark zugenommen.

c) ☐ Wenn man im Internet surft, gewinnt man Abstand zu seinen Freizeitaktivitäten.

Der Austausch mithilfe von Kurznachrichten ist meist bangloser als eine echte Begegnung.

a) ☐ Wenn man sich persönlich trifft, kann man sich intensiver austauschen, als wenn man über Kurznachrichten kommuniziert.

b) ☐ Es fällt manchmal schwer, Zeit für eine echte Begegnung unter Freunden zu finden.

c) ☐ Kurznachrichten ersetzen echte Begegnungen.

Aufgabe 4

1 Punkt

Erkläre folgende Aussage aus Text B mit eigenen Worten.

Das Fernsehen ist das „Lagerfeuer" im Wohnzimmer.

_____

_____

_____

_____

_____

_____

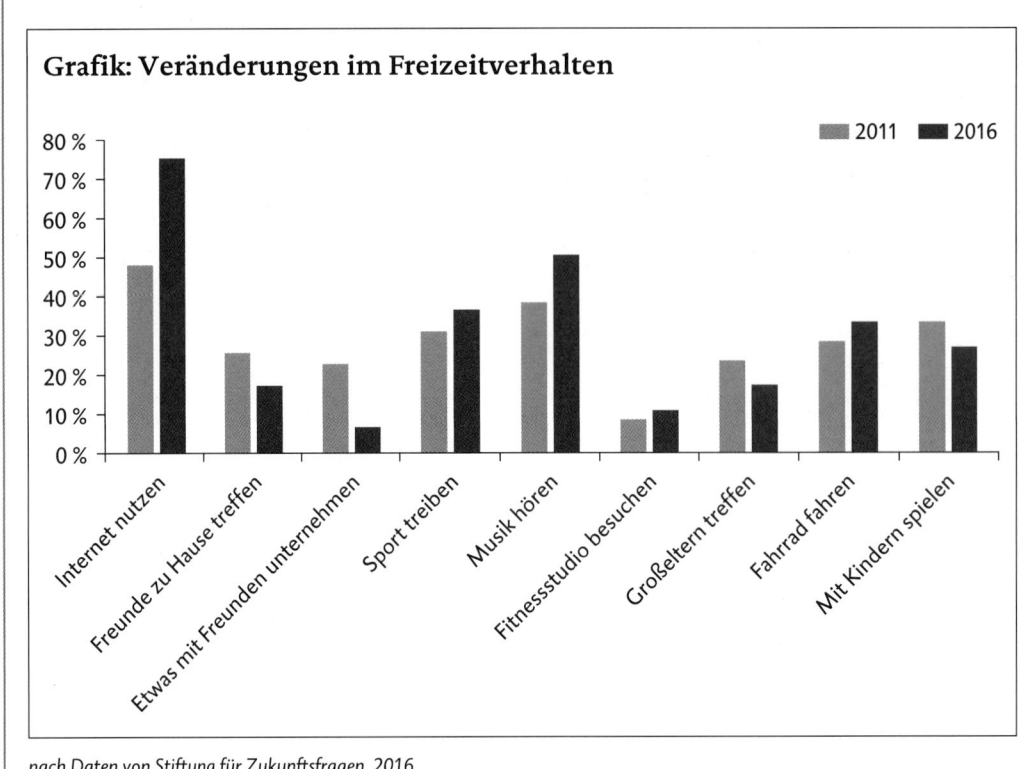

Grafik: Veränderungen im Freizeitverhalten

■ 2011 ■ 2016

(Balkendiagramm mit folgenden Kategorien: Internet nutzen, Freunde zu Hause treffen, Etwas mit Freunden unternehmen, Sport treiben, Musik hören, Fitnessstudio besuchen, Großeltern treffen, Fahrrad fahren, Mit Kindern spielen)

nach Daten von Stiftung für Zukunftsfragen, 2016

2 Punkte

Aufgabe 5

Ergänze die Tabelle mithilfe von Text B und der Grafik.

Grafik: Veränderung im Freizeitverhalten	Text B: Passender Satz
Internet nutzen	In den vergangenen fünf Jahren ist die Nutzung des Internets mit Abstand der größte Gewinner unter den Freizeitaktivitäten.
Sport treiben Fitnessstudio besuchen Fahrrad fahren	
	Die Häufigkeit der persönlichen Begegnungen, wie regelmäßige Unternehmungen und Treffen mit Freunden zu Hause oder Besuche von Enkeln bei ihren Großeltern, hat sich in den letzten Jahren verändert.

Text C

Beatboxen voll im Trend

1 „B-ts-kh-ts-ts" – ihren Beatbox-„Text" hat sich Sehnaz auf ihre Hand geschrieben. Die 16-Jährige ist eine der Jugendlichen, die an einem Rap- und Beatbox-Workshop teilnahmen. Die Schülerinnen und Schüler der Klassen acht bis zehn aus verschiedenen Schulen hatten sich freiwillig für das Projekt „Praktisch gut" angemeldet. Motiviert von
5 Fußballprofi Ivo Ilicevic und angeleitet von verschiedenen erfolgreichen Beatboxern und Rappern beherrschten die 33 Teilnehmer die Grundkenntnisse des Sprechgesangs schon nach zwei Tagen. Bei einer öffentlichen Veranstaltung mit vielen Gästen stellten die Jugendlichen ihr neues Können unter Beweis. Gemeinsam performten die Schüler einen selbstgeschriebenen Song. Zusätzlich traten einzelne Jungen und Mädchen vor und zeig-
10 ten ihre Beatbox-Künste. Auch Ivo Ilicevic schlug mithilfe einer Beatbox-Maschine ein paar coole Töne an.

Der Workshop ist Teil des Förderprojektes „Praktisch gut". Damit sollen Jugendliche auf dem Weg ins Berufsleben begleitet und unterstützt werden. „Solche Veranstaltungen gab es bei mir früher nicht, aber ich wäre glücklich darüber gewesen. Umso wichtiger ist
15 es für mich jetzt, den Kids zu helfen und ihnen etwas mitzugeben", erzählte Ivo Ilicevic.

Was Beatboxen damit zu tun hat? „Wir haben gelernt, dadurch Selbstbewusstsein zu finden", meinte Schülerin Sehnaz. Beim Formulieren eigener Texte drücken die Jugendlichen ihre Ziele, Ideen und Wünsche für die Zukunft aus. „Praktisch gut" vermittelt auch Praktikumsplätze für die Teilnehmer. Diese sollen die Jugendlichen für eine Ausbildung
20 fit machen. Dabei wird nicht so sehr auf die Schulnoten geachtet, sondern vor allem auf das Engagement der angehenden Auszubildenden.

Auch Beatboxer Robeat bietet Jugendlichen in Jugendhäusern ähnliche Workshops an.

„Hallo, ich bin Robeat, 26 Jahre alt und komme aus Stuttgart", stellt sich der Europameister im Beatboxen höchstpersönlich vor. Schwarze Jeans, übergroßer grüner Pulli,
25 schwarzer Hut, schwarze Schuhe – so steht er vor Fünfzehnjährigen, als sei er einer von ihnen. „Bevor es losgeht, gebe ich euch erst mal eine kleine Kostprobe davon, was ich den ganzen Tag so mache", sagt er, nimmt sein Mikro in die Hand und legt los. Der Zuschauer bekommt sofort das Gefühl, eine komplette Band stünde vor ihm – so sehr scheint der Bass zu dröhnen. Ein Bass ist allerdings weit und breit nicht zu sehen. Lediglich ein
30 Verstärker steht auf einem Stuhl neben Robeat, der mit bürgerlichem Namen schlicht und einfach Robert Wolf heißt.

Vor den Jugendlichen liegen 60 Minuten Workshop mit dem Rhythmus-Meister. Der Schlüssel zum Beatboxen sei, sich zu trauen, sagt Robeat.

„Ich kann euch nur meine Technik zeigen. Wenn ihr einen anderen Weg findet, wie
35 ihr die einzelnen Geräusche besser lernen könnt, dann macht das so", ermuntert er die Teilnehmer. „Jeder Mensch erlernt ein Geräusch anders und vor allem unterschiedlich schnell. Es gibt beim Beatboxen kein richtig oder falsch."

Foto: © Kzenon. Shutterstock; Text: Beatboxen mit Ivo Ilicevic, https://www.pointer.de/entertain/8901/beatboxen-mit-ivo-ilicevic.htm?wt_mc=pin, 22.03.2013 (Stand: 23.01.2017) und Josephine Mühln: Beatbox-Europameister unterrichtet Schüler, http://www.maz-online.de/Lokales/Potsdam/Beatbox-Europameister-Robert-Wolf-unterrichtet-Schueler-in-Potsdam-und-tritt-im-Nikolaisaal-Potsdam-auf (Stand: 23.01.2017)

Aufgabe 6

3 Punkte

Begründe die folgende Aussage mithilfe des Textes C.

Ein Beatbox-Workshop kann für Jugendliche lohnenswert sein,

weil _____

_____

weil _____

_____

weil _____

_____

Aufgabe 7

1 Punkt

Lies Text C. Die beiden Workshops von Ivo Ilicevic und Robeat vermitteln mehr als nur das Beatboxen. Erkläre das gemeinsame Anliegen. Vervollständige den Satz. Beide möchten erreichen, dass …

_____

_____

_____

Text D

„Slides, Ollies, Flips": Tricks und Spaß im Skatepark

1 Für Jugendliche ist das Skaten vor allem eins: Spaß und Freizeitbeschäftigung. Dabei bietet diese Sportart so viel mehr:
Für die Entwicklung der Motorik eines Jugendlichen kann Skaten eine wertvolle Hilfe sein. Die gesamte Bewegungsmotorik wird beim Fahren trainiert. Schon beim einfachen
5 Fahren auf einem Skateboard wird der Gleichgewichtssinn in bestmöglicher Art und Weise gefördert und trainiert. Werden dann nach und nach Tricks und Figuren wie Slides, Ollies oder Flips erlernt, festigt sich das Gleichgewicht immer mehr. Jugendliche können Bewegungserfahrungen machen, die sie bei anderen Tätigkeiten und Sportarten kaum kennen gelernt hätten. Auch in schwierigen Situationen die Balance zu behalten und
10 Körperschwerpunkte richtig zu verlagern, kann hier trainiert werden. So wirkt sich diese Freizeitbeschäftigung ganz nebenbei positiv auf viele andere Lebensbereiche aus.
Das Skateboardfahren macht nicht nur Spaß, sondern ist auch noch Physikunterricht zum Anschauen und Mitmachen. Sämtliche physikalischen Kräfte kommen beim Fahren auf einem Skateboard zum Einsatz: Beschleunigen, Abbremsen, Fliehkräfte in Kurven und
15 vieles mehr. Da beim Skaten die meisten Bewegungen sehr schnell ablaufen, insbesondere beim Ausführen von Figuren und Tricks, lernen junge Menschen, Entfernungen optimal einzuschätzen, ebenso Wege, Grenzen und vorhandene Spielräume. Auf einem Skateboard nimmt man Bewegungsräume viel intensiver wahr als bei anderen Tätigkeiten oder Sportarten.
20 Auch Geschicklichkeit ist für das Skaten unerlässlich. In Hindernisparcours mit verschiedenen Anforderungen können Skater diese besonders trainieren. Skateparks gibt es bereits bei vielen Jugendhäusern und auf öffentlichen Plätzen in Gemeinden. Mit ihren Halfpipes, Skaterampen und Rails[1] sind sie ein beliebter und gut besuchter Treffpunkt für Jugendliche. Hier müssen sich die Skater untereinander verständigen, kooperieren und

1 Geländer

25 können sich von anderen etwas abschauen. Sie können die eigenen Tricks perfektionieren oder neue dazulernen. Die Rücksichtnahme gegenüber anderen und das Fairplay spielen im Umgang mit Skateboards eine große Rolle.

Text basierend auf: http://www.skateboard-rollbrett-spiele.de/spielepaedagogik/rollbrett-spielpaedagogik.html (Stand: 21.02.2017)

Aufgabe 8

2 Punkte

Nenne vier Beispiele aus Text D, die die folgende Behauptung belegen.

Das Skateboarden ist mehr als nur eine Freizeitbeschäftigung.

- _____
- _____
- _____
- _____

Aufgabe 9

25 Punkte

Du besuchst regelmäßig das Jugendhaus in deinem Heimatort und hast festgestellt, dass die Zahl der Besucher in letzter Zeit stark nachgelassen hat. Weil du einige Ideen für ein attraktiveres Programm hast, möchtest du gerne mitarbeiten.
Deshalb schreibst du einen Brief an den Leiter des Jugendhauses, in dem du deine Vorschläge darstellst und deine Mitarbeit anbietest.

Beachte dabei folgende Punkte:
- Welche Bedeutung haben Jugendhäuser für die Jugendlichen?
- Welche Vorschläge hast du, um das Angebot im Jugendhaus attraktiver zu machen? Stelle hierzu mindestens vier verschiedene Freizeitaktivitäten vor und begründe deine Auswahl.
- Beschreibe deine Fähigkeiten, die dich für die Mitarbeit im Jugendhaus qualifizieren.

Verwende alle vorliegenden Texte.

Beachte, dass der Text **mindestens 150 Wörter** umfassen muss, er kann jedoch auch länger sein. Schreibe einen eigenen Text in vollständigen Sätzen. Achte auf korrekte Sprache und Rechtschreibung. Beides wird bewertet.

BERUF & KARRIERE

Alle Themen rund um Ausbildung, Bewerbung, Berufswahl und Karriere

Welcher Beruf passt zu mir?

Kompetent und praxisnah gehen die Autoren auf alle wichtigen Punkte zum Thema ein.

In diesem Band:
- Alle Ausbildungswege nach der Schule im Überblick
- Erprobtes, mehrstufiges Testverfahren zur Berufsfindung
- Zusatztest für Abiturienten
- Vollständig aktualisiert: Mehr als 150 Berufe im Porträt

Dr. Angela Verse-Herrmann
Dr. Dieter Hermann
Der große Berufswahltest
227 Seiten, 16,2 x 22,9 cm
Broschur
ISBN 978-3-8490-3048-3
Best.-Nr. E10503
Preis € 17,95

www.berufundkarriere.de

schultrainer.de
Der Blog, der Schule macht

Witzige, interessante und schlaue Storys, Fakten und Spiele zum Thema Lernen und Wissen – gibt's nicht? Gibt' s doch! Auf **schultrainer.de** machen dich die Lernexperten vom STARK Verlag fit für die Schule.

Schau doch vorbei: **www.schultrainer.de**